LAURENT TAILHADE

A Travers

les

Grouins

Frontispice de LÉANDRE

PARIS

P.-V. STOCK, ÉDITEUR

8, 9, 10, 11, GALERIE DU THÉATRE-FRANÇAIS

PALAIS-ROYAL

1899

A

TRAVERS LES GROUINS

EN PRÉPARATION :

IMBÉCILES ET GREDINS

DIJON. — IMPRIMERIE DARANTIERE

à mon cher Tréchet
son ami
C. Léandre
99.

LAURENT TAILHADE

A Travers

les

Grouins

Frontispice de LÉANDRE

PARIS

P.-V. STOCK, ÉDITEUR

8, 9, 10, 11. GALERIE DU THÉATRE—FRANÇAIS

PALAIS-ROYAL

1899

De cet ouvrage, il a été tiré à part : 2 ex. sur papier Whatman ; 5 ex. sur papier du Japon et 8 ex. sur papier de Hollande.

A Monsieur Ernest VAUGHAN

En hommage d'affectueuse gratitude.

L. T.

Paris, le 17 janvier 1899.

PRÉCAUTIONS ORATOIRES

Le vieillard, généralement connu sous le nom de Père Éternel, qui, suivant Moïse, Rochefort et le comte de Mun, créa la lumière antérieurement au soleil, alias M. de l'Être ou le Dieu des Armées, se reposa le dimanche et fuma sa pipe, tel un boutiquier retraité dans la banlieue sainte de Iérouschalaïm. J'imiterai un exemple si autorisé, pour, ayant mené à terme l'enchiridion que voici, intégrer, par façon de repos, une manière de plaidoyer

en ma faveur, me disculpant aux regards des
vieilles dames et de ma tante Jean Lorrain.

Quelques lectrices (disons, pour n'exagérer
point, une demi-douzaine) veulent bien me
reprocher le manque d'urbanité de ma polé-
mique, et surtout, proh pudor ! les termes que
j'emploie. D'après elles, on compromet, par de
telles violences, plutôt que l'on ne sert, la jus-
tice et la vérité. Les gros mots ne conduisent à
rien, pas même au style académique. Ne pour-
rait-on, en un langage plus civil, dire les mêmes
choses, édulcorer par un sucre de bienséances
l'âpreté des invectives, la haine, et le dégoût ?

A dire le vrai, l'objection m'échappe absolu-
ment.

Elle eût consterné les écrivains les mieux fa-
més des âges classiques : et Montaigne, et Pas-
cal, et Molière et Saint-Simon. Je ne pense pas
qu'il soit utile d'être mieux appris que M. de
Voltaire pour abominer Rochefort ou sabouler
Gaston Méry. La pudeur contemporaine, à

laquelle je défère de mon mieux, est un sentiment tout à fait neuf, issu de l'invasion boutiquière dans nos comportements. Louis XIV, devant les duchesses, ordonnait d'arrêter son carrosse et disait au cocher pourquoi. Madame Adélaïde avec ses sœurs appelait Marie Leczinska : « maman-reine » et la Dubary « maman-putain », sans que cela dégradât le moins du monde l'air galant et noble auquel ne parviennent que malaisément, aujourd'hui, les patrons des Grands Magasins ou les nababs de Chicago. La pruderie du langage est merveilleusement adéquate à l'entrée dans la vie sociale des bonnetiers enrichis, des usuriers triomphants. Telles sont les grâces des coupeurs de chemises quand ils revêtent leurs belles manières avec un frac trop neuf et se pommadent pour briller « en société ». A présent, faire visite au lieu d'honneur est moins ardu que l'appeler par son nom, qui donnait autrefois une rime à Boileau.

*Nul n'oserait proférer devant sa concierge
les expressions de la Palatine, à moins que
d'employer le texte allemand.*

*Je voudrais citer, en tête de ces vers, la ré-
ponse connue de l'Electrice de Hanovre, à la
mère du Régent, que M. Stock la bifferait tout
entière, non pour sa provenance monarchique,
mais pour son incongruité. Quelle gazette, fût-ce
le* Père Peinard, *imprimerait aujourd'hui, sans
beaucoup de points, la jolie épigramme dont
Voltaire égayait, aux dépens de Vendôme, le
salon des Choiseul :*

Ce héros que tu vois ici représenté,
Favori de Vénus, favori de Bellone,
Prit la vérole et Barcelone,
Toutes deux du mauvais côté.

*Néanmoins, lectrices, je me conformerai dé-
sormais à vos admonestations. Il n'est offrande*

qui ne vous soit due. En outre, servant une
cause proscrite et bien-aimée, il me plaît obéir
à celles dont les encouragements nous récon-
fortent, dont la sympathie nous montre le
chemin, envers et contre tous.

A travers les Grouins

LA PRIÈRE POUR TOUS

Rendons grâces à Dieu! La Ligue bien venue
  Réunit marguilliers, escarpes, chands de vin
Et journaleux nourris de pâte sans levain ;
La Vérité les scandalisa, toute nue.

Maintenant la Patrie est sauve. Triomphants,
Nous jaculons des vœux intéressés : Dieu donne
Quelques dents à Barrès ; à Coppée, une bonne !
Que Gunsbourg à Loti fasse beaucoup d'enfants !

Nous sommes sans talent, sans honneur et sans sexe.
Le bourgeois nous admire et déguste, perplexe,
Nos mélanges savants de fiel et de saindoux.

Les Jésus sont bons pour les matrulles hagardes.
Prenons, tel un chameau, des calus aux genoux !
— Quand il aura béni toutes les vieilles gardes,

Puis tous les Ramollots, Dieu finira par nous.

VILLANELLE

C'EST l'arbitre du bon ton
  Le youtre cher à Gamelle,
C'est Meyer porte-coton.

Bravant le qu'en-dira-t-on,
Aux hidalgos il se mêle.
C'est l'arbitre du bon ton.

Le chouan, lorrain ou breton,
Ne va point à sa semelle :
C'est Meyer porte-coton.

L'âme atroce de Caton
N'a pas en lui sa jumelle.
C'est l'arbitre du bon ton.

Les coups de pied, de bâton,
Dilatent sa gargamelle.
C'est Meyer porte-coton.

On prise fort, chez Goton,
L'empois qui le caramèle :
C'est l'arbitre du bon ton.

Il craint le fer. Se bat-on,
Sa cacarelle est formelle :
C'est Meyer porte-coton.

Il éloigne l'esponton,
La flamberge, l'alumelle :
C'est l'arbitre du bon ton

A deux mains, contre un séton
Il protège sa flanelle.
C'est Meyer porte-coton.

Chauve de partout, Giton
De mainte vieille andrumelle,
C'est l'arbitre du bon ton.

Il drapa le hoqueton
Chez Antigny, sa fumelle :
C'est Meyer porte-coton.

Il marine comme un thon
Dans le chrême qui grumelle,
C'est l'arbitre du bon ton.

C'est Dangeau, c'est Hamilton,
Brummel dompteur de chamelle !
C'est Meyer porte-coton.

L'Église aime ce croûton
Et les gaupes font comme elle.
C'est l'arbitre du bon ton,
C'est Meyer porte-coton.

MAINTENEUR ÈS JEUX FLORAUX

A mes amis de Toulouse

YANT coiffé son casque à mèche et revêtu
    Le frac des troubadours qu'illustre une giberne,
Perrossier, Némorin compliqué de baderne,
S'escrime après Zola d'un braquemart pointu.

Jéhanne d'Arc, il préconise ta vertu
Et, chez les bons gagas des jeux Floraux, lanterne,
Cueille des fleurs en papier peint puis, très moderne,
Sur leur vieux mirliton, siffle « turlututu ! »

Car il est, au milieu de ces gens asthmatiques,
Tenace à ravauder la chanson des lilas,
Sucrant de petits vers, bonbons diabétiques

Dont Peyralade goûte avec un fort soulas.
Et c'est pourquoi, guerrier aux frousses authentiques,
Poète insuffisant aux plus vils chocolats,

Il épanche sur les Maîtres son déguelas.

CHAUVINISME SARDINIER

> *Or, les Nantais ont fait savoir au*
> *bureau de l'Association qu'ils refu-*
> *saient de recevoir ses membres. si*
> *M. Grimaud en restait président.*
>
> Dr Paul ARCHAMBAULT.

CAPITAINES vaseux, gentillâtres dévots,
    Et les sous-offs, et les vicaires aux pieds sales
Devant Grimaux (un syndiqué !) ferment leurs salles,
Et tous, avec transport, beuglent comme des veaux,

Car la Province, dont les mœurs sont étonnantes,
Prise Judet, Boisdeffre et Pellieux aussi.
Les miracles de Lourde et l'ange Esterhazy
Conjouissent le cœur imbécile de Nantes.

C'est pourquoi les marchands de thon, les hobereaux
Se rebiffent à la manière des taureaux,
Abominant le juif sur la Loire et sur l'Erdre.

L'eau bénite leur est un « *sortilège bu* ».
Ce qu'on leur voit d'esprit court en Drumont se perdre :
A ces causes, il sied de dire — tel Ubu, —

Pour la rime et pour la raison : *Vive l'Armerdre !*

PRÉDICATEURS DE CARÊME

Dans l'église où, béats et crasseux, maints fidèles
   Apportent un encens de pieds ou de guano,
L'abbé Vigoureux et son compère Etourneau
De la chaire, en cinq secs, dépassent les modèles.

Bossuet, Ezéchiel et Jocrisse, comme un
Seul homme, à travers leurs discours se font entendre
Et la vieille Loti, plus fardé que Clitandre,
Rit au sabre avalé par le comte de Mun.

Hanotaux, en français d'almanach, pontifie :
Et tous, cabots, prélats, ont leur photographie
Dans les vitrines, près de l'assassin du jour.

L'œil somnole, en dépit des contenances roides,
Cependant que, malgré leur gorge faite au tour,
Les dames sans chemise ont un fort béguin pour

Barrès dont la froideur va jusqu'aux humeurs froides.

VIEILLE DAME

Inter Socraticos notissima fossa cinœdos.
      JUVÉNAL.

A<small>PRÈS</small> avoir morné tant de robustes piques,
   — Heureux vaincu de ce combat qui lui fut cher —
Et poussé dans le plus intime de sa chair
« *Les dragons chevelus, les grenadiers épiques,* »

Ma tante Jean Lorrain adhère au boniment
Coppéen, par qui va fleurir la Paix aimée,
Sans nul autre désir que prouver à l'Armée
Son amour, en détail et collectivement.

Palpitant des viols subis avec ivresse,
Il imbibe les régiments de sa caresse,
Donne aux tringlots des noms de princes fabuleux.

Son cœur est grand ouvert à leurs jeux délétères,
Patriote comme chausson ! — Les cordons bleus
Et les vieilles putains aiment les militaires.

NATIONALISTES

Couronné de persil, d'ache et de seringat,
    Estimé par Forain qui le passe à Defeure,
L'Eminent Ecrivain mijote dans le beurre,
Sous les yeux attendris du père Vascagat.

Cassagnac, tout enfant, aux plages malabares,
Frotté de graisse, avec des plumes dans le nez,
Cependant que ronflaient des peaux d'âne barbares,
Improvisa quelques chahuts bien soudanais.

Judet qui, chaque jour, suinte l'ignominie,
Arthur Meyer faisant manœuvrer son génie
A travers les bidets et les fonts baptismaux.

Voilà donc quels vengeurs s'arment pour ta querelle,
Patrie ! et Max Régis choyé des maquerelles,
Et Drumont élu par les dompteurs de chameaux !

BALLADE

POUR CONGRATULER MES BONS AMIS LES
ÉTUDIANTS DE L'A, SUR LEUR INTER-
VENTION DANS LES AFFAIRES
PUBLIQUES

A Emile Cottinet.

IGNES ailés, feu mâchant par la bouche,
    Licorne bleue aux ongles smaragdins,
Cocquecigrue, alérion farouche,
Hircocerf plus rapide que les daims,
Ils ont vaincu les animaux soudains :
Aspics, zébus aux flancs tachés de rouille,
L'aigle de mer avec les agamis.
De plus, ils sont très bons pêche-grenouille,
Portant sur eux tous les gris-gris, hormis
Le rameau d'or qui dissipe la Trouille.

3

En faveur du galon prenant la mouche,
Dans les cafés nocturnes, ces édens,
Ils vengent leur patrie, ou bien font souche,
Entre les draps impayés des catins.
« A bas Dreyfus ! A bas Zola ! » Gandins
Sortis de chez les Bons Pères, arsouilles
Qu'ont les bahuts les moins doctes vomis,
En eux Sottise impudente bafouille :
Mais à leurs mains aucun dieu n'a commis
Le rameau d'or qui dissipe la Trouille.

Pour Deschanel, grand maître ès fausse couche,
De la Sorbonne ils ornent les gradins.
Monsieur Barrès leur apprend comme on louche,
Pour éclipser calicots et mondains,
L'air cacatoire et la gigue en boudins.
Leur Président se bat parfois, mais souille
Les caleçons quadruples qu'il a mis
Et, dans la rue, où leur cohorte grouille,
Nul ne présente aux électeurs soumis
Le rameau d'or qui dissipe la Trouille.

ENVOI

Maitre-valet, souteneur, niguedouille,
Accueille-les ! Ce sont bien tes amis.
Que chez Vervoort le troupeau soit admis.
Lâches, braillards, et tôt sonnant la gouille,
Qu'à leur crapule, un jour tout soit permis,
Fors le rameau qui dissipe la Trouille.

MALÉDICTION DE PALLAS

C'est au Palais-Bourbon plein de vétérinaires
    Et de curés aux pieds fétides, que Pallas
Athéné, revoyant ce flot de cancrelats,
Se soulage en des hexamètres débonnaires :

Les voici donc tous ces goitreux que décapa,
Dans les bourgs ou les préfectures taciturnes,
Le bain mal odorant et propice des urnes.
Voici Paul Deschanel plus veau que son papa.

Mais, hélas ! pour charmer l'ennui des heures flasques,
Je ne reverrai plus Barrès pareil aux masques,
D'un Talleyrand dentiste ou d'un Guizot portier.

Et nous pleurons, moi la Déesse et lui la peste,
Devant le noir Destin qui ne fait nul quartier,
Les deux cent mille francs que lui coûta sa veste !

ROCHEFORT AUX GLAVIOTS

E macrobe de l'*Intransigeant*, le Miché,
    Vaudevilliste mûr pour les capucinades,
Reçoit du bran et des catharres en tornades
Sur son mufle où tous les bons bougres ont craché.

Restez, villa Dupont, marquis, sur cette chaise
Percée où le grand âge et Vervoort vous ont mis,
Utile à votre femme, et bon pour ses amis.
— Mais ne vous risquez plus vers le Père-Lachaise.

Car les Jacques sauraient vous mettre au dépotoir,
Baladin qui, sur les restes de Victor Noir,
Défaillites, pâmé de frousses colossales.

Votre temps est fini, vieux pitre, ô Rochefort !
Vous êtes désormais Géronte et non Beaufort,
Le protégé des flics et non le Roi des Halles.

    20 mai 1898.

SONNET

ARQUIS de Vascagat, ô Géronte, ô Gavroche,
 Qui de la *gens* Vervoort appuyez le turbin,
Voici le temps pour vous, paillasse et coquebin,
D'exhaler un esprit qui n'est pas sans reproche.

Drumont, le sacristain nidoreux, le larbin
Dont les femmes en mal d'enfant craignent l'approche,
Laid comme un pou, va siéger près d'Ernest Roche.
Votre beau-frère seul clapote dans son bain.

Il ne connaîtra pas, ce phénix des beaux-frères,
La tribune où, deux fois, malgré les vents contraires,
Barrès porta sa tripe à la mode de Kant.

Pour sa croupe d'azur que le claque jalouse
Brummel n'aura de frac ni Thivrier de blouse
Et Lisbonne dira qu'il manque un peu de *cant*.

VILLANELLE

V   est un poisson bleu,
Ce qu'il fait n'est guère honnête,
Mieux vaudrait tricher au jeu.

Quant à moi je goûte peu
Son langage, sa binette :
V.   ' est un poisson bleu.

Il bat le rappel, mordieu !
Puis escompte la brunette :
Mieux vaudrait tricher au jeu.

Il vend, comme Gandibleu,
Les tripes de Fanchonnette,
V   est un poisson bleu.

Son odeur tient de l'émeu,
Du putois, de la genette !
Mieux vaudrait tricher au jeu.

A Rochefort, combien feu !
Il dicte mainte sornette.
V   est un poisson bleu.

O l'abject fesse-mathieu
Dévot à la baïonnette !
Mieux vaudrait tricher au jeu.

Que, des talons au cheveu,
La plus fine l'encornette !
V   est un poisson bleu,
Mieux vaudrait tricher au jeu.

VILLANELLE

André V   nous assigne,
   Mon cher Philipppe Dubois :
Préparons nasses et ligne.

Comme, en août, une maligne
Grièche abattant des noix,
   André V   nous assigne

Et, scombéroïde insigne,
Nous veut réduire aux abois.
Préparons nasses et ligne.

Immaculé, fleur de cygne,
Plus blanc que les palefrois,
André V..... nous assigne.

L'amour lui fut une vigne
Pampinante et de bon choix.
Préparons nasses et ligne.

Pour que Boisdeffre s'indigne
Et que l'on nous mette en croix,
André V..... nous assigne.

Que nul n'accuse la guigne,
Mais bien le retour des mois.
Préparons nasses et ligne.

Il faut b'en qu'un dos s'aligne
Dans la saison des bains froids.
André V..... nous assigne,
Préparons nasses et ligne.

25 mai 1898

BALLADE

POUR CÉLÉBRER LE FIASCO DE
M. GASTON MÉRY

> « *M. Gaston Méry, de* la Libre Parole, *qui a la prétention de souhaiter à Cyvoct la bienvenue au nom du Journal des jésuites, est reconnu par les assistants et sommé de sortir de la salle.*
>
> « *Je suis venu ici pour saluer Cyvoct au nom de* la Libre Parole, *balbutie M. Méry, et...*
>
> « *Il ne peut continuer. Un terrible concert d'imprécations et d'injures s'élève. On crie de toutes parts :* « A bas la calotte! A bas la voyante! »
>
> « *M. Méry est obligé d'abandonner la salle et se retire, non sans recevoir au passage quelques horions.* »

ONSIEUR Drumont qui, pour aller en masque,

Met un prépuce en guise de faux né,

Des horions, outrageuse bourrasque,

Et du crachat plusieurs fois géminé

Sauve son groin de porc enchifrené.

Mais, souteneur, aigrefin, casserole,
Vont foisonnant à *la Libre Parole*,
Le bleu des dos y forme un arc-en-ciel
Et, comme un lis à travers l'escarole,
Méry fait voir l'Archange Gabriel.

Ferrer la mule ou bâter la tarasque,
Prendre une vieille au poil teint de henné,
Jouer du luth ou courir comme un Basque,
Cela se peut à quiconque est bien né.
Mais fournir, chaque soir, à l'abonné,
Sous la lueur du quinquet à pétrole,
Quelque prodige et l'enduire de miel,
C'est à donner la petite vérole !
Tel, néanmoins, sans airs de Fragerolle,
Méry fait voir l'Archange Gabriel.

La Couëdon qui met son vin en fiasque,
Ne montre pas les lignes de Phryné :
Mais les Kéroubs ont un goût si fantasque !

J.-K. Huysmans en demeure étonné ;
Le Sacré-Cœur lui-même est consterné.
Car, attirant once d'or ou pistole,
Gaston, le doux nabi, sur maint Pactole,
Peut intégrer un geste essentiel.
Sans revêtir la chape ni l'étole,
Méry fait voir l'Archange Gabriel.

ENVOI

Cyvoct ! pour vous chanter sa barcarole
Extralucide, il vint comme Ariel,
D'un long eustache apprêtant la virole.
A coups de pied en plein potentiel,
Reconduisez ce nouveau Desbarolle !
Méry fait voir l'Archange Gabriel.

VILLANELLE

On l'a tué comme un César.
Comme un empereur, comme un tsar.
ARISTIDE BRUANT.

RUMONT fut assassiné,
      Dans Alger, en Barbarie,
Parce nobis, Domine !

Max Régis est consterné,
Car un pétard l'excorie :
Drumont fut assassiné.

Drumont au blair chiffonné,
Drumont, l'enfant de Marie :
Parce nobis, Domine !

4

D'Augias trop fortuné
Il vidangeait l'écurie :
Drumont fut assass'né.

Et l'Arabe déchaîné
L'abreuvait d'idolâtrie :
Parce nobis, Domine !

Bab-Azoun, illuminé,
Massacrait la juiverie.
Drumont fut assassiné.

Pour dételer son poney,
Tous marchaient en grand'furie,
Parce nobis, Domine !

Mais son carrosse a tourné
Ru' de la Ferronnerie :
Drumont fut assassiné.

Qu'on aille chez l'attorney,
C'est un deuil pour la patrie!
Parce nobis, Domine !

Hosannah! qui fait un né ?
C'est la franc-maçonnerie :
Drumont fut assassiné :
Parce nobis, Domine !

BALLADE PATRIOTIQUE

SUR LA LOUANGE DU COLONEL HENRY

Camp du Drap d'Or et vous lice guerrière
    Des Beaumanoir ou des Montgommery,
Quelques héros, poursuivant la carrière,
Ont, de nos jours, vos palmes refleuri.
Les camelots mènent leur hourvari.
C'est Rochefort, Thiébaud et Millevoye,
Arthur Meyer, Judet qui semble une oie,
Et puis Barrès gazouillant *da capo*,
Si que Drumont ne se tient plus de joie :
L'honneur fleurit à l'ombre du Drapeau.

Après avoir besogné sa prière,
Boisdeffre, comme un abcès trop mûri,
S'est répandu chez la gent huîtrière
Des sacristains patriotes. Un cri
D'amour : « Voici le colonel Henry ! »
Est-ce Roland, sir Pandarus de Troie,
Ou Maugiron en armure de soie,
Qui de tranchant et d'estoc fait rampo ?
Tels champions se peut-il que l'on voie ?
L'honneur fleurit à l'ombre du Drapeau.

Le torse nu, portant sous-ventrière
Et maints agnus vantés par G. Méry,
Comme il est beau de rage meurtrière !
Morts du Tonkin et morts de Satory,
Vos officiers (tel Ubu, chez Jarry)
Prennent le sabre et la dague où se noie
Le sang des cœurs, l'atrabile du foie,
Hélas ! Picquart, en lui piquant la peau,
Du sieur Henry le cubital foudroie !
L'honneur fleurit à l'ombre du Drapeau.

ENVOI

Prince Crozier, successeur de Montjoie,
Le protocole est dans la bonne voie ;
Chantons noël de Saratow à Pau !
Que l'iris des trois couleurs se déploie :
L'honneur fleurit à l'ombre du Drapeau.

BALLADE

POUR MAGNIFIER LE « CERVEAU-CHEF »

Rnest Lafleur, Labranche ou Lajeunesse,
   Et Laverdure, et Poilaunez, et Bec,
Et Jean Rameau vanté pour sa finesse,
Et le cafard, et le snob, et le grec,
Suivent Barrès-psychopompe, leur cheik.
Tous, à l'envi, pour humer la gadoue
Et récolter du *pognon* dans la boue,
Citent Hegel, avec des mots pédants ;
Mais lui. poussif, bientôt cane et s'enroue :
C'est un requin avec de fausses dents.

Il enviait, au temps de sa jeunesse,

Les margotons et ceux qui font avec.

Son estomac, qu'emplit le lait d'ânesse.

Dégobillait cervoise et jérez sec.

Vénus lui fut généreuse en échec.

N'ombra jamais sa lèvre ni sa joue

Le poil follet dont Musette s'engoue.

Mais la Boulange, emmi ses claquedents,

Le vit monter « en esquivant la roue » :

C'est un requin avec de fausses dents.

Les électeurs, de Port-Vendre à Gonesse,

Fidèlement reconduisent son breack.

Lourdauds impurs ! Faut-il qu'on méconnaisse

Goethe et Morny panachés de Gobseck,

Barrès enfin, tribun, dandie ou mec.

Son avaloire, où le chicot se joue,

Laisse filtrer une adorable moue,

Et, comme il fut nanti d'instincts prudents.

Au milieu des Ramollots, il s'ébroue :

C'est un requin avec de fausses dents.

ENVOI

Napoléon ! Bandit qu'un pleutre loue,
Vois ! Erynnis ton phantasme dévoue
A ce Barrès, frère des Peladans :
Et l'histrion sur ta peau fait la roue !
C'est un requin avec de fausses dents.

Es électeurs de la Meurthe et de la Moselle
Curés, paysans, bourgeois aux gants de filoselle,
Mastroquets, tenanciers de lupanars aussi,
Les électeurs de Toul, de Briey, de Nancy,
Marguilliers sur leurs bancs et maçons dans leurs loges,
Se désopilent à déraciner les Vosges.
Car, tandis que Drumont, en Alger, fait florès,
La Moire, le Destin, l'Anankè sur Barrès
Exercent des rigueurs à nulle autre pareilles.
    En vain il rebattit sans pudeur nos oreilles
De la Lorraine (cet Auvergnat!) du drapeau
Et de Hegel, les électeurs disent : « La peau! »
    O comble de misère! O douleur forcenée!
Pendant quatre ans encor, nous verrons des *Journées
Parlementaires* et les articles mordants
Où l'Intellectuel aux mâchoires sans dents
Exhale, chaque soir, âme de griefs pleine,
Sa rancune et le faguenas de son haleine.

Qui pourrait cependant représenter l'émoi
Dont renacle, en ce jour, le pontife du Moi ?
Avoir léché le... dos clérical de Boisdeffre,
(Rostand demanderait une autre rime en *effre*)
Avoir gueulé, tel un putois, contre Zola,
Etre la crème des pleutres, et rester là !
Cassagnac de qui les grand'mères, par la queue
Se suspendaient aux cocotiers des forêts bleues,
Cassagnac, le babouin de Gascogne, est élu,
Et Millevoye, et Déroulède qui n'a lu,
Tant son âme est par le chauvinisme rouillée,
Ni Schopenhauër, ni les bouquins de Fouillée !

   Ainsi Barrès, dont le suffrage universel
Goûte modérément le dandyme et le sel.
Récrimine. Un mégot à parfum de lessive,
Un *Soutados* puant lui gratte la gencive,
Il prodigue aux cochers de fiacre les saluts

Et l'épicier du coin ne le reconnaît plus !

BALLADE

POUR EXÁLTER LES DOYENNES DU PERSIL

> « *Viennent les marguilliers pervers.*
> « *Les bedeaux porteurs de cautères,*
> « *Les gros messieurs chargés d'hivers !*
> « *Je couronnerai d'œnothères,*
> « *De lilas et de myrthes verts*
> « *Toute la chambre des notaires !* »
> **L. T.**

Leurs mamelles où nos bisaïeux se sont plu
Ballottent, à présent, de manière fantasque.
Le henné rouge sur leurs crânes vermoulus,
Leurs crânes pareils à des ris de veau boullus,
Imprime tels magmas qu'on ne rincera plus.

Leurs museaux d'ichneumon, de pieuvre, de tarasque
Bâillent : ainsi le trou punais de l'Achéron.
Voici les dents d'émail sur le chichot marron !
Et les robes couleur d'enfants, rose ou citron :
Car ces dames, ayant braguettes soulagées,
De fastueux chichis pavoisent leur giron :
Los aux vieilles putains d'ans et d'honneurs chargées !

En faveur des meschins pauvres et résolus,
Leur générosité vénérienne casque.
Ignorant, comme il sied, Malte-Brun ou Reclus,
Le muletier avec force auvergnats poilus
Affronte de grand cœur ces palus et ces glus
Fétides, nonobstant les huiles bergamasques.
(Est-il bardeau, mulet, viédaze, aliboron,
Pour oser en tel lieu risquer un paturon ?)
Elles défaillent avec les cris de Baron
Au seul aspect des génitoires insurgées,
Et monsieur Deschanel à les servir est prompt :
Los aux vieilles putains d'ans et d'honneurs chargées !

Clamons : « *Io pœan !* » En des bouquins peu lus,
Carmen Sylva, la Ratazzi qui semble un masque
Japonais et l'antique Mab aux seins velus
Des petits jeunes gens quémandent les saluts.
— O, sous vos cheveux bruns, Lafayette et Caylus ! —
Sans parvenir jamais à la dernière frasque,
Elles bouillonnent, tel un magique chaudron,
Cependant qu'imbibé de fards et de goudron,
Loti, cagneux mais beau, darde son éperon
Pour l'ébattement des vétustes Lalagées
Et présente frère Yve à leur décaméron.
Los aux vieilles putains d'ans et d'honneurs chargées !

ENVOI

L'arbre caduc, jetez les rameaux et le tronc !
Prince, beau tourmenteur, Ezzelin ou Néron,
Coiffe ton casque d'or, atteste le héron
Et que, grand'mères par tes ordres fustigées,
Elles payent enfin leur obole à Caron,
Ces antiques putains d'ans et d'honneurs chargées.

CHANT ROYAL DE LA MANSUÉTUDE ECCLÉSIASTIQUE

Ecclesia abhorret a sanguine —

AFIN que mieux soit sa bonté connue,
Je veux, Seigneur, sur un rythme ancien,
Chanter l'Épouse, à ton cœur, bien venue
Que, pour le carme et le sulpicien,
Nabi Schlêmô, paillard magicien
Prophétisa dans les points et cédille
De son Cantique. Elle est douce, godille
Comme un beau lys par l'aube caressé ;
Onque le sang ne rougit sa mandille :
La Sainte Église abhorre au sang versé.

Pourtant il sied que Ferveur maintenue
Avec l'athée ou le pyrhonnien
De Belzébuth, emplisse la cornue.
Epoussetons juif et luthérien ;
Que l'indévot paie et ne garde rien !
C'est pour très cher qu'on pend, qu'on essorille,
Que le troupeau sustente qui l'étrille.
Nous n'avons pas renié le passé.
Vois ! Dans Montjuich, dans Cuba, dans Manille
La Sainte Eglise abhorre au sang versé.

Père Didon, ta voix frappe la nue
Et Rochefort te vante à Possien :
L'autodafé par vos soins continue.
Ténor pieux, cher au béotien,
Meyer t'approuve et Jamont te fait sien.
Pour toi, Guérin frappe, Thiébaud nasille
A nous, soldats ! qu'on brûle, qu'on fusille
Tout scélérat, suspect d'avoir pensé,
Que dans l'ivraie, on plante une faucille !
La Sainte Eglise abhorre au sang versé.

Aux bois d'Arcueil où Science est menue
Fleurit le sport peu cicéronien.
En caleçon et la poitrine nue,
Les jeunes veaux ignorants, ò combien !
S'exercent en un match quotidien.
Sous les maillots brodés de canetille,
Un *fout-baller* catholique émoustille.
Quelque bedeau prompt à faire *da se*.
Au Racing-Club, l'enfant de chœur titille.
La Sainte-Eglise abhorre au sang versé.

Ainsi grandit l'engeance biscornue !
Bourgeois cafard, gâteux patricien,
En baladin le monstre s'atténue
Et Dominique au rhétoricien
Apprend le saut de carpe ou le maintien.
Torquemada sourit dans sa golille
Quand, écuyer de chevaux ou de filles,
Son *alumnus* convomit Pressensé,
Quand sur Zola Cassagnac dégobille :
La Sainte-Eglise abhorre au sang versé.

ENVOI

Tourne les yeux vers Alger où l'on pille,
DRUMONT, chacal mâtiné de gorille !
Ton chapeau bleu rayonne au quai d'Orsay,
Bon constructeur des Ham et des Bastilles,
Cuistre sanglant plus bête que Sarcey,
Dos et convicts te sont une famille :
La Sainte-Eglise abhorre au sang versé.

ODELETTE

(A la manière de Ronsard).

CHOCOLATIER, faussaires,
Du *Gaulois* émissaires,
Et ce gredin choisi,
Esterhazy ;

Les tantes, les crapules,
Evêques sans scrupules,
Artons déshonorés
Et les curés :

Et les bonnes sœurs grises
Distillant pour les brises,
Au fond de leurs clapiers,
   L'odeur des pieds ;

Les magistrats intègres,
Les cocottes, les nègres,
Les daims, les maquereaux
   Et les bistros ;

C'est ainsi qu'on recrute
Voleur, escarpe, brute,
Un personnel classé
   Au quai d'Orsay.

Ainsi qu'une relique,
Meyer, juif catholique,
Arbore avec bonheur
   La croix d'honneur.

Alfred Duquet, Mézières,
Loti, fleur des rizières,
Et les divers Quesnays
En sont ornés.

Major de table d'hôte
Cassagnac ne fait faute
D'avoir cet oripeau
Dessus sa peau.

Elle orne tes fumistes,
Wilson, les panamistes
Et Gaston Jolivet,
Ce pur navet.

Ils sont hideux et bêtes,
Ils portent sur leurs têtes
L'air brutal ou sournois
Propre aux bourgeois.

Ils léchent les derrières,
Les pattes meurtrières,
Les sabres dégainés
  Des galonnés.

Tous, ruisselant d'extases,
Bénissent les ukases,
Le drapeau tricolor,
  L'Etat-Major.

Et c'est vraiment justice
Que ce monde obreptice
Et tous ces bougres-là
  Chassent Zola.

                    12 avril 1898.

QUATORZAIN D'HIVER

A LA LOUANGE DE CLAUDICATOR LE BÉNÉVOLE

Notre subtil et brillant écrivain a réprouvé..,
UN REPORTER DE *la Patrie*.
La paix est ton but, ô Pacifique !
E. RENAN, *Invocation sur l'Acropole.*

RAMEAU chantait : Je ne suis pas joli, joli ;
Rivarol a trouvé chez moi son antipode.
Ignorant tout français, je beugle mes épodes,
Avec le geste d'un qui fait pipi au lit.

Les plumassières dont j'illustre les soirées
Baillent quelques écus pour m'entendre. Et voilà
Qu'avec Dreyfus, avec Scheurer, avec Zola,
Un marasme soudain alanguit mes rentrées.

Le commerce est dans le marasme ! ce qui fait
Que j'ai, ce soir, lavé la tête et dit leur fait
Aux gazetiers que Millevoye excommunie.

Destin, sauve la France et garde ses *quibus*
Au poète cagneux qui grimpe en omnibus
Et « va-t-en ville » pour gasconner son génie !

MÉLANCOLIE ODÉONESQUE

Sous l'Odéon blafard que décorent les proses
     D'Haraucourt, et Shakespeare, en vers tripatouillés,
Comme un « bougna » pensif, entre de vieux « souyés »,
L'Auverpin ne veut plus qu'on effeuille des roses.

Les poètes, même Paul Fort, sont renvoyés ;
Jean Lorrain dont la ménaupause a des chloroses
Et Vicaire cousu de longues hydrartroses,
Les Montforts, les Leblonds avec les Bouhéliers.

Nul ne chantera plus une ode triomphale !
Pégase inemployé, Chimère ou Bucephale
Rongent leur frein dans ton étable, ô Ginisty !

Verse-nous maintenant l'ivresse ! Et, dans l'entr'acte,
Ne manque pas d'offrir à la foule compacte,
Pour deux sous, les marrons chers à Pierre Loti.

CANDIDATS A L'IMMORTALITÉ

UAND au poète Dierx incombe ce bonheur,
   Bien des forts sont tombés dans l'arène tragique :
Ils ne t'ont point élu, barde pédagogique,
Sully-Prudhomme, honneur des Légion d'honneur ;

Ni Coppée — un François d'Assise tricolore —
Ni le comte Robert, ni ma tante Lorrain,
Ni Jean Rameau qu'on exhibe pour un florin.
Après ces chefs, d'autres, moins grands, restent encore.

Plus nègre que ce freux où vit le preux Arthus,
Moréas qui, le soir, au compte-goutte, urine,
Fait couver par Maurras d'innommables fœtus.

Mais le Pierre Puget du suif, des margarines,
Jean Richepin donna l'être à Jehan Rictus
Qui peint son âme d'or sur le mur des latrines.

***

Or ces guerriers ayant poussé le cri d'alarme
Et déterré la hache au seuil de leur gourbi,
Elèves de Barrès et poteaux de Bibi
La Purée, en tous lieux dégobillent leurs carmes.

Les symbolistes, les simplistes, les romans,
Ceux qui riment, à soixante ans, leurs pucelages
Et ceux dont les neurasthéniques mucilages
Pour Monsieur de Voguë sont emplis d'agrément;

Frémine plus hideux que les têtes de l'Hydre,
Et Vicaire pochard comme une pomme à cidre,
Et ceux qui font des vers pour les cafés de nuit :

Tous veulent sur leur front le diadème esthète,
Ces palmes dont la fleur améthyte leur duit,
Et l'orgueil des festins à douze francs par tête.

PRIX DE VERTU

MAQUILLÉ, solennel, disert et peu joli,
    Le frère de frère Yve, entre les vieilles dames
Pérore. Il a des solécismes tout pleins d'âme
Et, de le voir si vert, le Beau Frère a pâli.

Feu Monthyon, parrain d'une fâcheuse rue,
Inspire ses discours où de beaux mouvements
Enguirlandent, tels que du persil, les thomans
Dont la vertu est, en grand pompe, secourue.

Et ce sont des larbins intègres, des troupiers,
Qui remportent la gloire avec l'argent modique,
Puis un frère convers, sentant mauvais des pieds.

Mais l'orateur parcourt son thème fatidique,
Rhythmé par l'éventail au murmure berceur ;
Car, le trouvant fardé, comme elles, et pudique,

Les vierges de Prévost disent : « C'est une sœur ! »

RONDEL

DANS les cafés d'adolescents
        Moréas cause avec Frémine :
L'un, d'un parfait cuistre a la mine,
L'autre beugle des contre-sens.

Rien ne sort moins de chez Classens
Que le linge de ces bramines.
Dans les cafés d'adolescents,
Moréas cause avec Frémine.

Désagrégeant son albumine,
La Tailhède offre quelque encens :
Maurras leur invente Commine
Et ça fait roter les passants,
Dans les cafés d'adolescents.

CONSCRITS

(A la manière d'Esparbès)

IGLE de Boustrapa, voici ton jour ! Les Gars,
    Ceux de la Haute avec ceux de l'Epicerie,
Se gondolent vers ta loterie, ô Patrie,
Sous l'œil des marchichefs et des maires gagas.

Ils arrivent du claque ou bien des séminaires,
Fils de cocottes chez les Oblats éduqués,
Courtauds de magasins, lopettes dont les quais
Ont vu les jeux, parmi leurs dômes urinaires.

L'âme française chante (ô que faux !) dans leurs voix ;
Ils s'arrêtent pour dégurgiter du pivois,
Tel un cabot perdu que l'on mène en fourrière.

La Victoire, aujourd'hui, leur montre le chemin
Et des boxons épars leur ouvre la barrière.
Vivat ! Le copahu renchérira demain.

FOIRE AUX JAMBONS

(Intimité)

Ma mignonne, voici l'avril ! Un air plus doux
  Où flotte l'âme populaire du saindoux
Et des frites, ce soir, invite aux indécences
Les troubades sortis avec leurs connaissances.
Les boutiquiers ventrus, aux blairs de tamanoir,
En famille, ont empli le boulevard Lenoir.
Ils gagnent, essoufflés, la barrière du Trône
Et les lutteurs forains sont tous en maillot jaune !

Viens ! nous allons humer des glaces à deux sous,
Dédaignant le concert arabe, où les dessous
Précaires des oulels-naïls sentent le rance.
— Comme il est pur le ciel de notre belle France !
Viens ! nous irons tous deux, fidèles au drapeau,
Complimenter l' « homme de bronze » dont la peau
Fait voir l'airain si cher à Monsieur Déroulède.
Le sabre, le fusil, la dague de Tolède
Figurént, à son poing aimé des caporaux,
Les croûtes de Neuville et celles de Morot.
Nous prendrons notre part de ces plaisirs austères
(Trois sols pour les pékins, deux pour les militaires)
Et notre cœur où Jeanne d'Arc revit encor
Magnifiera Boisdeffre avec l'Etat-Major.

Nous déambulerons parmi les odeurs grasses,
— Tes bottines à huit francs cinquante, un peu lasses —
Jusqu'à l'heure où, la main dans la main, et suçant
Les berlingots, dont le parfum est innocent,

Nous gagnerons, vers la place de la Bastille,
Les tirs aux macarons, luisants de canetille
Et l'échoppe où l'on voit, telle que nos guerriers,

Une hure de porc ceinte de verts lauriers.

VENDREDI SAINT

Trop de merluche et des lentilles copieuses
    — Seule réfection tolérée aux croyants —
Enjolivent de certains rots édifiants
La constipation des personnes pieuses.

Dans l'omnibus — aucunement blasphématoire —
Montent force nonnains, coiffes et canezou :
Et c'est un air de deuil en les boutiques où
Sourit la poire du Bienheureux Peyreboire.

Quelques petits enfants — dirai-je masturbés ? —
Vers Saint-Sulpice, et leurs maîtres, larges abbés,
Du goguenot prochain éjouissent la vue :

Et, près d'eux, obstruant le degré colossal,
Un homme-affiche avec cette annonce imprévue :
« *Concert spirituel à Tivoli Vaux-Hall.* »

LE « PETIT ÉPICIER » FAIT SES
PAQUES

Es ostensoirs, les Sacrés-Cœurs aux airs dévots,
Les cloches et tout le fourbi des cathédrales
Inspirent à mon cœur des sentiments nouveaux
Qui consolent mes défaillances uréthrales.

Des vicaires qui n'ont jamais rien inventé
M'instruisirent sur les douleurs du Purgatoire.
La foi des humbles, la savate humilité,
Angélisent mon rein, que trop supinatoire !

Et c'est pourquoi je vais, dans le petit local,
Ingurgiter tout mon bon Dieu, le Fils, le Père,
Et l'Esprit, qui souvent, chez Xau, se fait la paire.

Comme Jonas, évacué par son rorqual,
Je bafouille pour la clientèle abrutie :
Ma fistule au « petit Jésus » sert de régal,

Et tous mes fondements sont pleins d'Eucharistie.

IDYLLE SUBURBAINE

A Emile Métrot.

Voici les bicyclistes,
      Ainsi que des ballistes
Leurs machines lançant
      Sur le passant.

Voici les dégrafées
Hideusement coiffées,
Telles qu'un hanneton,
      Dans leur veston.

Comme un porc que l'on châtre,
Le calicot folâtre
Hurle, par les faubourgs,
    Maints calembours.

Voici Joseph Prudhomme,
Qui loin, loin de Sodome,
Sans mail-coach de Binder,
    Prend un bain d'air !

Dans le bois de Vincennes,
Les magistrats obscènes
Viennent se trimbaler
    Et pédaler.

Ça refait leur échine
De rouler à machine,
Libidineux et gras,
    Sur le ray-grass.

Et les dames faciles
Ricanent, imbéciles,
De pister, à vélo,
    Maint gigolo.

Tout le bois en fourmille.
Puis, ce sont des familles
Complètes d'*ouverriers*
    Inébriés.

Ils apportent salade,
Gruyère, marmelade,
Veau, laitue et pourpier,
    Dans du papier.

Une âme de friture
Egaye la nature,
Qu'emplit la grande voix,
    Chevaudebois!

Quelque parfum agreste,
La sueur et le reste,
Diversifie au loin
    L'odeur du foin.

La poussière assaisonne
Les macarons. Foisonne
La mouche des cacas,
    Sur le lilas.

Plaisir combien champêtre !
Et qui ne voudrait paitre
Ces repas digestifs,
    Sur les fortiffs !

L'Himalaya dégoûte
Les humbles. Somme toute,
Tu vaux mieux que le Nil,
    Lac Dauménil.

Car le tramway du Louvre
Peut, quand le temps se couvre,
Y mener les bourgeois,
    A travers bois.

O douceur efficace !
Lamper un mêlécasse
Et le bitter plus dur,
    Devant l'azur !

Ainsi triomphe l'ordre !
Nul n'a besoin de mordre,
Ayant usé ses bas,
    En tels ébats.

Et, toute la semaine,
Les cyclistes que mène
Un rude et tâtillon
    Chef de rayon ;

Les employés moroses,
Ayant humé les roses
Et longtemps baladé
    Par Saint-Mandé,

Acceptent ergastules,
Camouflets et sportules
Et les repus grugeant
    Leur pauvre argent.

C'est pourquoi leurs équipes
T'émeuvent jusqu'aux tripes
Coppée, ô sacristain
    Si peu hautain !

CHEMIN D'EGLOGUE

Vers le train allongeant ses « *bidets* » sur la voie,
L'essaim hilare des calicots s'est rué.
Dans les compartiments où des gens ont sué
Il s'installe, joyeux d'une émétique joie.

En face de la grue énorme dont le busc
Malaisément contient une gorge bovine,
Les bouquins de Drumont édités par Savine
Délectent un bourgeois qui ne sent pas le musc.

7

Cela fleure l'odeur des pieds, la caquesangue
Des enfançons et le mégot, qui, sur la langue,
Vous fait passer comme un renvoi de Krysinska :

Et, plus loin, les époux Duvedeau qu'accompagne
Leur héritier, couleur de morve et de caca,
Soignent le melon qu'ils portent à la campagne.

TROISIÈME SEXE

En vestons gris, en chapeaux mous, par les quinconces,
  Avec des mouvements câlins et paresseux,
Rôdent les icoglans parisiaques, ceux,
O Prudhomme, qu'au feu céleste tu dénonces.

Les tantes ! peuple hilare et nocturne pour qui,
Tout sergent de ville est un oncle débonnaire,
Près des *Ambassadeurs* où chahute Bonnaire,
Où les gommeux boivent de l'ale et du raki.

Dans les temples indous que tapisse la cure
Infaillible de tous les bobos, sans mercure,
Ils lèvent les banquiers en rut, impudemment !

Et le poète Jean Lorrain de Normandie,
Accordant pour leur los sa syntaxe hardie,
Les célèbre en vers faux, — avec étonnement.

FÊTE NATIONALE

(Intimité).

A Le Pic

LE quatorze Juillet et ses chevaux de bois,
   Ses guinches, où les bons zigues, saoûls de pivois,
Etreignent, pour *l'en-avant-deux,* leurs maritornes,
Tandis que les cocus vont aérant leurs cornes,
Me charment. J'ai revu, place du Panthéon,
Le doux vieillard qui jouait de l'accordéon
Dans la rue Oudinot, presque sous mes fenêtres,
A l'heure où la splendeur de Félisque, et ses guêtres
Se dérobaient parmi les mégissiers obscurs.
Car j'ai toujours aimé les humbles aux cœurs purs,

Aux pieds douteux comme un vers de *Pour la Couronne*,
Car je suis le passant bénin, que n'environne
Aucun rayon, aucun éclair, aucun soleil.
Mes articles me font aux concierges pareil.
Aussi, dès que revient la date fatidique
Où la junte des mannezingues se syndique
Pour imbiber de furfurol le populo,
Je hisse à mon balcon, — ainsi qu'au bord de l'eau
Quelque tremble où le soir ému se décolore,

Un étendard fait de flanelle tricolore

BALLADE 14 JUILLET

CLAIRONS, trompettes et hautbois,
　　« Chant du départ » et « Marseillaise »
Beuglent sur le pavé de bois.
Les rousses-cagnes, dans leur fraise,
S'en vont au pourchas de la braise
Près du quai Michel, ce Lido ;
Voici le lendemain du treize :
Ça se fête *degueulando*.

Joseph Prudhomme et Pipenbois,
Les gentlemen de la Corrèze,
Ceux du Perche et ceux de l'Artois
Eructent mainte catachrèse
(Au veau l'on reconnaît la fraise !)
Le roussin avec le bedeau
Se convomissent à leur aise :
Ça se fète *degueulando.*

Mais, où donc est la fleur des pois ?
Montesquiou, Péladan, Barrès-e,
Les Bourget et les Dieulafoy
Sollicitant la diurèse ?
Les ceuss qui viennent de Manrèse,
Bloy vociférant son *credo*
Et frère Yves en Navarraise ?
Ça se fète *degueulando.*

ENVOI

Prince, qu'éleva dans Sorrèze
Un moine à tripes de vedeau,
Plus n'est besoin de rime en « rèse » :
Notre joie est combien frrrançaise !
Ça se fête *degueulando*.

UN SOUPER

CHEZ

SIMON LE PHARISIEN

(Conte de Noël).

UN SOUPER
CHEZ SIMON LE PHARISIEN

(CONTE DE NOEL)

A Charles Vignier.

n, ce soir-là, neuvième du mois de Tebeth, Simon le Pharisien régalait quelques amis dans sa villa des Sycomores. L'assistance était nombreuse, choisie et respectable, composée d'hommes riches et de femmes à qui la durée du putanat rechampissait une virginité. La maison du Pharisien comptait, à bon droit, parmi les merveilles de Jérusalem. Des chevaux de race et des valets sans nombre en faisaient une demeure cossue, majestueuse et adéquate comme il sied à un notable commerçant. L'usure, le proxénétisme, l'attachement aux dogmes religieux immatriculaient Simon entre les plus

dignes bourgeois Ses opinions prépondéraient devant le
Sanhédrin. Les vierges impubères n'avaient rien que de
favorable à ses désirs. Il recevait les gens de Bourse, les
marchands du Désert, les trafiquants nomades. Pour les
divertir, il amenait à grands frais des Oulels-Naïls de la
Cyrénaïque, des montreurs de singes et des ténors. Il
louait parfois des académiciens, afin d'essuyer ses ba-
bouches dans leur creux poplité. L'on rencontrait chez
lui Sully-Prudhomme, fils de Joseph, qui, sourd, timide
et vierge irréductiblement, portait en plein visage, sous
forme d'eczéma, sa croix de commandeur. Pierre Loti,
dans ses voiles de bayadère, y fréquentait, s'oubliant,
parmi les antichambres à causer de trop près avec les
larbins noirs. Jean Lorrain y crachotait, en suceuse
experte des médisances bordelières, de quoi les vieilles
dames se pâmaient.

Doncques, pour fêter le solstice d'hiver et l'aube du
grand jour annuel, on buvait ferme chez Simon. La salle
du festin éclatait de joyaux, d'orfèvreries, de lumières et
de vins. Sur une haute estrade, vêtus de costumes bario-
lés, incommodes et somptueux, des musiciens barbares
concertaient doucement. Les sambuques, les violes d'a-

mour et les cymbales qui, jadis, éteignirent la voix d'Or-
phée, accordaient leurs soupirs aux flûtes adoniques. Sur
les crédences mouraient de sombres fleurs, et, des buires
violettes, les narcisses, les anémones tombaient en péta-
les odorants. Plus bas, sur les tables aux nappes de bys-
sus et d'amiante, les fruits, les victuailles s'entassaient :
grenades voluptueuses, dattes couleur de miel et raisins
d'Engaddi. Les quartiers de chevreaux flanqués de laitues
vertes, les pains azymes, les gâteaux saupoudrés de sésa-
me et les fromages, sur un lit de cumin ou de fenouil. Des
esclaves aux cheveux nattés offraient, de leurs mains
adolescentes, les breuvages illusoires, versaient de haut,
en un jet mince, et le vin de Chiraz et les muscats plus
lourds qu'aux saisons vendémiaires, apporté de Syrie
l'âne robuste et gai.

C'était l'heure où, parmi les odeurs chaudes, le fumet
des viandes et l'exhalaison des membres en sueur, une
ivresse grandit qui fait les cœurs joyeux et la lèvre con-
fiante. Les convives parlaient tous, d'une voix aiguë et
convulsive, aux accords de la symphonie lointaine.

Près du Maître, les Dignitaires s'étageaient, couverts
de rubans, de crachats et de plaques honorifiques, cha-

marrés d'emblèmes ridicules. C'étaient les virtuoses du
faux, les professionnels de l'homicide, les surhumains
du crétinisme.

Teintes de fard, d'antimoine et de céruse, avec force
chignons couleur de safran ou de henné, les vieilles pa-
triotes contrepointaient leurs gorges blettes de lumineuses
pierreries. Bob de Capharnaüm et Lucie de Bethsaïde,
la fille du Tanneur, et les saintes femmes du Bal des Va-
ches montraient, jusques à la ceinture, le faisandé de
leurs appas. Mais, sous un dais de pourpre et domi-
nant l'assemblée, une femme vêtue de noir causait avec
Arthur Meyer, patricien de Venise. Chacun saluait en
elle, avec un respect assaisonné d'admiration, la veuve du
martyr, l'héroïne des cent mille francs, la Colonelle Henry.

Drumont, sous la robe verte et jaune dont Véronèse
peignit la brocatelle ; François Coppée, en velours de
Gênes (tramé coton) ; Déroulède en fustanelle tricolore,
et Barrès avec de véritables fausses dents se groupaient,
faisaient apothéose, cependant que Judet Iscariote arbo-
rait, non sans quelque emphase, son costume d'égoutier.

« Moi, disait Coppée, je suivis, tout enfant, le régi-
ment qui passe. Ma jeunesse verdoya d'amours ancil-

laires, tout comme un pot de basilic. Sans effort préalable,
je devins bête à manger du foin. Le basilic est mort, le
foin est desséché, la fleur de ma jeunesse est caduque ;
mais la bêtise qu'on me voit permane dans l'éternité.

— Vive l'armée ! exclama Déroulède.

— A bas les juifs ! hurla Gaston Méry, que Possien,
ignoblement ivre, chavirait dans les bras de Pollonnois,
par le seul faguenas de sa malebouche pestilente.

— La chère est délectable, notifiait le marquis de Vas-
cagat, redressant d'une main fébrile son toupet légen-
daire ; ce poisson, notamment, vous savez bien, mon cher
Régis, le machin au bleu était si culinaire que je me suis
cru, le mangeant, à ma table de famille.

Ah ! ce ne sont pas les dreyfusards, les vidangeurs syn-
dicataires ni l'anarchiste Pressensé qui offrent à leurs
amis de tels régals !

— Voilà qui est parlé, mon benoît collègue, approuva,
ruisselant de graisse, le Jésuite Drumont. Sur sa barbe,
le vin de cinname coulait pêle-mêle avec l'huile de roses,
noyant sous un flot de parfums les insectes coutumiers.

— Entre nous, cependant, la chose manque de gaîté.
Le maître du logis aurait dû préparer quelque assassi-

8

nat un peu folâtre et des négociants paisibles à égorger, pour le dessert.

Mais l'oraison du sociologue s'éteignit dans un hourvari formidable. Parmi les coupes brisées et les sauces épandues, quelques antisémites à poigne maîtrisaient Alphonse Humbert, écumant, furieux, épileptique, pour ce que Barrès venait de lui refuser cinquante centimes qu'il cherchait à emprunter. Celui-ci, très calme, fourrait dans sa poche les cigares à trois francs et les mégots entamés pour n'avoir pas à dependre, le lendemain, chez son marchand de tabac.

Soudain, un roulement de voiture se fit ouïr, puis une voix de femme chevrotant sur un air connu :

> Arrête, cocher
> J'ai mes trois cheveux pris dans la portière
> Arrête, cocher,
> J'ai mes quatre dents sous le marchepied.

Et chacun reconnut là que c'était Marie-Anne de Keroubim, la vengeresse de l'Armée, la pucelle cocardière aux farouches boniments. Elle entra, comme Alcibiade au banquet d'Agathon, et, négligeant, cette fois, de baiser ses compagnes à la bouche, fut poser sa couronne sur

le front de Déroulède qui, malgré l'héroïsme qu'on lui
sait, bondit épouvanté. Des membres de la Ligue pré-
servèrent sa retraite et Marie-Anne, un peu confuse,
tendit ses violettes à Drumont qui, du moins, pour la lai-
deur, commémorait Socrate.

— Tout ça n'est pas chouette pour deux cigues, réitéra
Peau-de-Requin, en vidant son petit verre de coca Ma-
rinoni. Ces gens-là sont trop poires. Ils font pallas et
dix de gueule ; c'est marrant quand on est, comme eux
et moi, fils de putain, putain soi-même, forçat ou ma-
quereau. D'ailleurs, la viande *kasher* me donne envie
d'aller au refile.

Ah ! nous aurions besoin d'un beau jeune homme
pour en faire notre dieu et « l'aimer comme papa. »
Ainsi chantais-je à Saint-Lazare ! Mais le truc du
Nazaréen — un joli mec cependant — choit dans la
mélasse. Il ne fait même plus rouspéter les flicks.
J'ai vu, aux *Quat'-z-Arts* et ailleurs, le pante Jehan
Rictus, un loupiot à l'œil jambonnique. Il affure des
pépètes en faisant Jésus-Christ avec les interjections de
Bruant et les mots de Richepin. Il la relève en tom-
bant les vieilles Madeleines ; on le loue comme un

fiacre, chez les passionnées en retraite. Il fait la monte
pour un larantqué et console, à juste prix, les ventres
quinquagénaires, tant la profession de Jésus, à présent,
est décharde. Vrai, c'est un bon Dieu qui n'est pas
fiérot.

— Vive l'armée ! appuya Déroulède.

— A bas les Juifs ! opina Drumont.

— Crevons Reinach ! dit un souscripteur de la Liste.

— Vous n'aurez pas l'Alsace et la Lorraine, proféra
Millevoye.

Pendant ce temps, Humbert, ayant trouvé prêteur, li-
bellait un effet à quatre-vingt-dix jours pour l'Ethiopien
de service. Dans la pénombre discrète, Lucie de Beth-
saïde susurrait à Madame de Capharnaüm ces exclama-
tions mellifues que l'oreille ne perçoit pas.

Alors une draperie s'écarta, révélant un paysage de
nuit crépusculaire, de bois d'oliviers et de lauriers en
fleurs. Dans une buée lumineuse, le Galiléen se montra,
tenant son cœur rougeâtre ainsi qu'un massepain. Il
porta sur les convives une dextre de lumière, et, joyeux
de leur union, les bénit avec douceur.

— Chrétiens, mes serviteurs et mon lignage, leur

dit-il, j'ai fait pour vous des œuvres sans secondes. Je vous ai permis de garder vos membranes et de vous emplir de charcuterie. Vous avez brûlé le Sérapéum de Memphis. Vous avez émietté, dans les fours à chaux, les dieux tutélaires d'Athènes. Vos moines ont, sous l'orteil de leurs pieds sales, écrasé la Raison. Vous avez cuit Savonarole et tourmenté Galilée. Vous avez léché le crottin de Bonaparte, larronné la Révolution française, restauré les jésuites et conquis M. Brunetière à vos desseins. Je suis content de vous ! Après deux mille ans, je veux encore vous bénir et vous récompenser. J'abolis, en votre faveur, les derniers scrupules qui prohibaient le larcin, le meurtre ou l'imposture. Vous ayant donné l'Affaire, je maintiens d'autres présents : mon nègre Cassagnac, la veuve du Faussaire, Jules Guérin l'assommeur et Max Régis l'estafier. Pour une longue suite d'ans, je vous concède Barrès, Drumont et Flamidien. »

A ces mots, la foule, reconnaissant combien il était dieu, se rua aux genoux du Visiteur. Plus rapide que l'onagre, Marie-Anne de Kéroubim inonda ses pieds d'Eau de Cologne et, d'un geste fanatique, les frotta de ses cheveux.

— Merci bien, dit Jésus en l'écartant, mais ils sont par trop rares. Je n'aime point l'humidité, craignant les rhumes de cerveau. Et, d'un geste amical, il offrit ses orteils divins à la séduisante Capharnaüm qui les torcha, non sans élégance, dans le dernier numéro de la *Libre Parole*.

LES MAGES AU BERCEAU

(CONTE POUR LE JOUR DES ROIS)

A mon cher maître, Jacques de Boisjolin.

EN ce temps-là Jésus continuait à naître depuis dix-neuf cents années. Sur le chemin de son étable, des andouilles par monceaux et des tripes en charnage, et des lampions versicolores manifestaient la dévotion catholique. Par un miracle inouï, portenteux et spectaculaire, une allégresse frénétique s'emparait du monde civilisé, avec la rigueur d'une échéance et l'ébriété d'un carnaval. C'était plus drôle que Gauthier-Villars faisant des calembours sur Beethoven, plus hilarant que Gyp, reprochant à Israël d'avoir le nez tortu.

Par les chemins durcis de glace et les bois aux pendentifs

de givre, sous les sapins à la barbe de frimas, les Gentils
pérégrinaient vers Bethléem, car chacun sait qu'en Ju-
dée, on ne voit, en décembre, ni glace, ni frimas.

L'étable où reposait l'Enfant était cossue, majestueuse
et balayée. Un bondieusard de la rue Saint-Sulpice en
avait fomenté l'architecture et, pour la garnir de foin
bien chaud, M. Coppée avait jeûné longtemps. Des orne-
ments d'un goût saumâtre, où le genre parfumeur et le
style chemisier s'épanouissaient à l'aise, accommodaient
en pralines le crottin des animaux, posaient sur le nou-
veau-né d'atroces baldaquins. Joseph de Rochefort-Lu-
çay, en robe canari, tenait la porte ouverte, accueillait
d'un bon sourire les michetons de son auguste Épouse.
Personne d'ailleurs n'en eût osé médire, car, d'après une
ordonnance chère aux Pharisiens, offenser en paroles un
ménage modèle, ainsi que ses beaux-frères, coûte au dé-
linquant trois milles shikles d'or.

Ainsi, les visiteurs éprouvaient, en ce lieu, des sensa-
tions charmantes. A condition qu'ils apportassent quelque
chose, les plus bêtes, les plus sales et les plus vils accro-
chaient un sourire de la jeune Mère avec l'effusive étreinte
du Charpentier. Derrière lui, broutant l'avoine ou l'épeau

tre, le bœuf et l'âne rivalisaient de distinction. En effet,
pour éviter les cacades inhérentes à ces quadrupèdes,
l'on avait substitué, au ruminant, M. Mézières, au soli-
pède, Jean Rameau. Député juif, larbin antisémite de
l'Etat-Major, Mézières somnolait à plat ventre, mâchon-
nant de confuses onomatopées. Son mufle, par une com-
binaison gracieuse, rappelait à la fois le P. Dulac au
museau de fouine, le P. Didon à la tête de veau. Pour
Jean Labegthe, il hennissait, renâclait, pétaradait, con-
naissant que la *Prose de l'Ane* fut spécialement harmo-
nisée pour lui.

Ce Rameau peu ordinaire,
Clopinant tout de guingois,
Réconforte le *Gaulois*,
De sa vigueur asinaire.

Eh! sire Rameau, chantez,
Car belles bouches avez,
Aurez de la paille assez
Et des orges a planté. Hi han !

Les pasteurs du voisinage, accourus en foule, contribuaient
par maintes viandes hétéroclites au réveillon de Bethléem :
grives, dindes aux marrons, poitrines de vieilles dames,

plus 3 francs 75 que la *Bonne Souffrance* valut, jusqu'à
présent, à son éditeur. Les uns couverts de peau de bête,
comme Jean le Baptiste, d'aucuns portant limousine tri-
colore, vociféraient en chœur, sans nul souci du ton
ou de la mesure, un Noël plein d'ingénuité. Et c'était
Joris-Karl Huysmans, remarquable par ses cathédrales
en bouchon, et le jeune Thiébaut luisant de gras-fondu;
Paul Bourget, habile à couper les chats en quatre et
Brunetière éleveur de sangsues doctrinaires; Sorel qui
n'a rien de commun avec Agnès du même nom que son
béguin pour la maison de France, et Thureau-Dangin,
sans rival pour les cataplasmes historiques et le style
invertébré; Lavedan, cavalcadour ès bidets; Jean Lor-
sain, pasteur d'étalons, peu goûté dans les vélodromes (à
cause qu'il n'encourage que les cyclistes à long dévelop-
pement). Barrès, vierge comme Abélard, offrait quelques
ureus dans le cabas qui servait, jadis, à madame sa mère
pour accomplir son marché, cependant qu'un rég'ment de
vieilles ducailles : les Broglie, les Audiffret-Pasquier et
autres seigneurs sans orthographe décoraient, à la façon
de magots, les coins sombres du local.

Soudain, une musique retentit, lointaine, d'abord, puis

furieuse, immédiate et déchaînée : cymbales, trompettes,
fifres suraigus. Des coureurs frottés d'huile, des eunu-
ques en robe verte, des cornacs aux manteaux d'hyacin-
the cramoisie, des soldats aux chevelures empennées s'a-
gitaient secouant mille flambeaux autour des palanquins
et des bêtes de somme. Des éléphants imbriqués de ver-
roteries, de plaques métalliques et de housses diaprées ;
des onagres au pelage de tigre avançaient parmi la foule.
On eût dit, çà et là, de pesants navires sur une mer où le
col sinueux des girafes et la bosse des dromadaires fai-
saient, par place, ondoyer quelques remous. Un héraut à
dalmatique d'or, chargé de bracelets et de pendants d'o-
reilles, vociféra, dans un buccin de cuivre, son altière fan-
fare, apprenant aux quatre vents du ciel que les Rois
Mages en personne daignaient perambuler à travers la
nuit. Dans le ciel de velours noir éclaboussé de gemmes,
une étoile insolite brillait sur le cortège. Ses feux multiples
irradiaient, bleus comme le saphir, vineux comme le rubis,
troubles comme l'opale, aveuglants comme l'escarboucle,
limpides comme le diamant.

Bientôt les augustes cavaliers mirent pied à terre,
car la fantastique étoile, pareille à un serpenteau mal

dirigé, abattait son vol de flamme sur le toit néo-pignouf
de la crèche où Rameau ne cessait de braire des can-
tiques.

Les Mages entrèrent, annoncés par Joseph et conduits
par Arthur, chambellan de toutes les Majestés, profès en
belles manières, pilote ancien de Blanche d'Antigny et
Palinure habituel sur les trirêmes du désert. Et les rois
saluèrent l'Enfant Dieu qu'ils reconnurent de suite pour
l'avoir fréquenté dans leurs églises, dans leurs pays res-
pectifs. Melchior, roi nègre, de la nuance Jean Aicard, le
prit ingénument pour Horus sur les genoux d'Isis ; Bal-
thazar, le jaune touranien, crut revoir Ninus bercé par
la grande Sémiramis, tandis que Gaspard, curieux boud-
dhiste, saluait à la fois, dans cet enfant, les parthénogé-
nèses de Krischna et de Çakia-Mouni.

Seigneur, dit Melchior, en déposant un couffin de résine
aux pieds du Nouveau-Né, je t'apporte l'encens agréable
aux narines des dieux. L'idole Mama-Jumbo, tous les fé-
tiches, tous les grisgris se résument en toi. Nous faisons
cuire dans l'eau bouillante nos prisonniers de guerre,
nous offrons le sang des beaux jeunes hommes aux larves
des aïeux. Tu syncretises l'ignominie dévote ; nos cultes

féroces ou idiots, tu les perpétueras dans le crime et la stupidité. Salut, dernier Christ de la bêtise humaine ! Maître des cœurs tremblants et des fronts aplatis, Dieu des bûchers, du Sacré-Cœur et des Pères de Lourdes, je vénère en toi maints siècles de cannibalisme ou d'abrutissement. Je t'asservirai mes peuples, je t'approvisionnerai d'inquisiteurs. Voici Drumont le cambrioleur et le boucher Cassagnac, mulâtre baptisé. Salut à toi, Jésus !

— Pour voler cette pécune, dit Balthazar, en faisant rouler sur les dalles pièces et lingots d'or, mes Tatars ont dévasté la plaine, incendié les maisons et saccagé les forteresses. Au galop de nos chevaux, la terre frémissait, les astres tombaient des cieux. Mes fils travailleront pour toi, depuis Attila, maître des Huns, jusqu'à Napoléon, le bandit corse, voleur de consciences et cambrioleur de cités. La souillure militaire dégradera, pour te les soumettre, les races libres et fières, empoisonnera de chancres irréductibles les esprits et les corps. Mes casernes protégeront tes cathédrales, et tes couvents, et tes gymnases. Le sabre de mes pandours favorisera les déprédations de tes ministres. D'un commun accord, nous installerons dans le monde la bassesse, la couardise et la terreur ; nous jetterons la nuit

sur l'humaine pensée ; nous truciderons les innocents. Tu
seras le fils du Sabaoth, mon inspirateur et mon esclave.
Salut à toi, Dieu profitable, Dieu des faussaires et des
armées !

— Moi, Seigneur, dit Gaspard, découvrant à demi un
vase d'or précieusement chargé de baroques ciselures, je
n'offre pas grand'chose à Votre Majesté. C'est la myrrhe
des funérailles, gardée en une coupe d'or, comme ces lar-
mes brillantes que la fille incestueuse épandit sur Gin-
gras. Je vous ai rencontré dans les fables de mon pays,
lorsque, au lieu du nom que, plus tard, égayera le vaude-
ville, je portais celui de Gatha-Spaça, le pénétrant, et
qu'un rayon d'Indra éclairait mon génie. Vous êtes venu
tard après l'Inde fabuleuse et la Perse héroïque et les
amphyctionies d'Hellas. La beauté des Dieux s'est retirée
du monde : mais, pour inoculer aux âges postérieurs ce
que leurs prêtres ont d'avarice et d'inhumaine turpitude,
nul ne l'emportera sur votre règne.

Mes descendants, épris de connaître et de penser, auront,
en vous, leur plus cruel ennemi. Par le poison, par le bû-
cher, par le mensonge, vous étoufferez de votre mieux
l'intelligence humaine et, sacrilèges thuriféraires, les be-

deaux encenseront votre ciel de nos livres consumés. Dieu des lâches, des ignorants et des malades, Agneau cannibale des autels futurs, en attendant que la myrrhe embaume ton cadavre, salut à toi, Jésus !

Ayant ainsi conféré, les Mages quittèrent l'étable au grand contentement de Jean Rameau qui, sur-le-champ reprit une cantate de formidable longueur. Marie-Anne de Keroubim, ayant brisé sa dent mâchelière contre la fève d'un gâteau, l'interrompait de cris aigus.

Mais au dehors, les esclaves se lamentaient et, pour assembler les équipages, leurs maîtres les appelaient en vain. L'étoile aux feux changeants avait disparu du ciel. Tout en haut, dans le pâle azur, brillait seul un feu rose que l'aube éteignait déjà.

— Cette flamme que tu vois, dit Gâtha-Spaça au nègre tremblant, c'est l'étoile permanente de la destinée humaine, étoile, qui survivra aux flambeaux mensongers des rites évanouis. Astre de la volupté, lorsque tombe le soir, elle est, à l'aurore, annonciatrice du travail. Le rossignol la salue d'une plainte amoureuse, dans les crépuscules embaumés ; l'alouette, au matin, lui darde sa chanson. Elle guide, sur les flots, l'audace du nautonnier.

symbole de la raison éternelle et du labeur fécond et de l'Amour, seul Rédempteur.

A ces mots, le Prince jaune et le Monarque nègre se séparèrent du Mage indien avec horreur, chacun s'en allant, par des routes différentes, vaquer à son métier de potentat.

ENTRE SOUTANES

C'est à l'institut Notre-Dame-de-la-Treille, *dans la salle haute où les frères des écoles chrétiennes inculquent aux éphèbes le goût de la prose française et les lois de l'inversion. Un lit sordide occupe le milieu de la pièce avec maints fauteuils et chaises éculés. Des instruments de pédagogie : férules, martinets, sont appendus aux murs entre des crucifix où les plâtriers de la rue Saint-Sulpice ont incarné l'idéal de laideur inhérent aux personnes pieuses. Un autre Jésus-Christ, posé sur le poêle à rôtir les fesses des gamines, s'arrache un cœur incandescent d'une poitrine de nougat. Dans un coin, plusieurs malles de différentes pointures attendent les cadavres en*

9

disponibilité. Côte à côte, sur le pied du lit, M. Flamidien,
rédacteur en chef à la Revue des Deux-Mondes, *et le*
F. Brunetière, *ignorantin, devisent familièrement. Des
toiles d'araignées grelottent en haut des plinthes, comme
dans le* Frisson *de Mallarme.*

Flamidien. — Convenez-en, monsieur Brunetière, vous
avez manqué d'estomac. Vous avez mal à propos cédé à la
crainte des francs-maçons, des libres-penseurs, des athées,
des impies, des socialistes et autres juifs. Il fallait faire
cette conférence que le bruit suscité par la mort de mon
petit amant arrêta de manière inopportune. Il fallait mon-
trer aux âmes irréligieuses l'accord de la Science et des
bonnes mœurs qui font l'ornement de la très sainte
Eglise catholique en général et de l'Institut du bienheu-
reux La Salle en particulier. Mais voilà : malgré vos
bonnes intentions, malgré votre haine de toute liberté, de
toute indépendance, il vous manque un peu de cette
mâle vigueur si largement dévolue à notre institution.
En un mot comme en dix, vous avez eu la trouille.

Votre organisme se ressent de l'opium élaboré par vous
en d'innombrables articles.

L'habitude fâcheuse de prendre des bains a retiré de

votre personne le meilleur de sa vertu. Vous n'avez pas,
si je l'ose dire, de ceinture aux flancs, tandis que la plu-
part de nos frères, comme Jean Lorrain, en portent vo-
lontiers deux paires plutôt qu'une. Funeste effet des ac-
cointances mondaines et de la familiarité des princesses !
Dans nos saintes demeures où ne respire que l'amour de
Dieu, la charité envers ses créatures ; où la savate de
humilité, le moutardier de pénitence ouvrent l'intellect
des jeunes enfants aux bienheureuses amours, de pareils
accidents ne se produisent jamais.

Nous avons les ongles noirs, l'haleine fétide et le pied
caséeux. Nous nous distinguons du commun des hommes
par l'énormité de nos épaules, sans compter le reste. Mais
doués, comme l'on nous voit, de ces fortes qualités, nous
dédaignons, en même temps, les bienséances et l'hydrothé-
rapie. Nous exhibons avec sérénité, devant la foule, tous
les dons que le ciel, dans son infinie miséricorde, a bien
voulu nous impartir.

Vous auriez dû faire cette conférence. Vous avez déjà
rendu à notre Sainte Mère Eglise d'inappréciables ser-
vices. Il n'a pas tenu à nous que l'esprit d'investigation
démuselé par les Encyclopédistes et cet infâme Voltaire

ne fût à jamais détroné. Sous votre direction — ah ! com-
bien orthodoxe ! la Science ne tarderait pas à redevenir
cette prêtresse aux voiles flottants imaginée par M. de
Maistre. Car vous abominez presque autant que l'auteur
du *Pape*, l'ignoble Science moderne qui travaille et se
conforme au plan du monde.

Mais, quels que soient vos mérites passés, il convenait
vous affirmer itérativement à l'heure du péril, de donner
ce nouveau gage de vos sentiments à la Chaire de Pierre
et au Clergé National.

Brunetière. — Parmi toutes les vanités du monde, il
n'est rien de si désobligeant que payer de sa personne et
j'ai appris de Vascagat que ces bons Pères de la Compa-
gnie marchent environnés de tant d'astuce que ceux qui
les accompagnent sont obligés de tirer, à leur place, les
marrons du feu, de peur que, s'échaudant les doigts, ils
ne rendent enfin un si déplorable hommage à la condition
humaine. Elevé comme je fus dans leurs disciplines, il ne
conviendrait pas que je m'écartasse du principal de cet
enseignement, ni que j'exposasse, en ma personne, un de
leurs plus fermes défenseurs.

Je suis à peu près le seul intellectuel qui leur demeure

attaché ; car Déroulède, saisi par la gloire des armes,
Thiébaud par l'éloquence tribunitienne et Coppée, le « par-
nassien de première classe, » par la manutention des
drogues nationales, défèrent à l'éclat trompeur du siècle, à
l'orgueil de voir leurs noms cités dans les papiers publics.
Ce sont de plats gredins. Mais qu'importe la canaillerie
sans la grâce du Très-Haut? Fussiez-vous disert comme
Millevoye, brave comme Rochefort, probe comme Judet,
noble comme Possien, joli comme Vervoort, cocu comme
Barrès, vous n'êtes rien sans la grâce : *sine gratia nihil.*

Et maintenant, quittons un peu la langue de Bossuet.

Pensez-vous que, pour vos beaux yeux, j'aille exposer
ma personne au sifflet des viles multitudes ? Je n'ai pas
besoin du cachet dérisoire que me promettent les habi-
tants de Lille, ayant trouvé, dans la réaction, mainte
aubaine profitable. Et puis, voyez-vous, mon très cher
frère, j'estime, *sub rosa,* que vous allâtes un peu loin.
Non que je blâme en aucune sorte le viol des petits enfants
qui, d'une manière indiscutable et véhémente, confirme les
privilèges de l'Eglise. Mais pousser jusqu'à l'homicide,
voilà qui me semble exagéré. A moins que vous n'ayez le
sadisme pour excuse. De tout temps, les communautés

religieuses eurent le secret de breuvages stupéfiants qui
troublent la mémoire et la raison, juste assez pour pou-
voir nier, si la victime a le mauvais goût de se plaindre.
Le père Girard en usait avec la Cadière. A son exemple,
tous les confesseurs préviennent ainsi la mauvaise hu-
meur des virginités récalcitrantes.

Flamidien. — Mais, par la Saint-Sangrebois ! imaginez-
vous, mon cher monsieur, que je l'ai chouriné, pour mon
plaisir, ce cher petit Foveau que j'aimais tant ! Ah ! si
vous aviez vu comme il était mignon, premier que les
libres-penseurs m'eussent contraint de lui scier la
gorge. Que de pures délices nous goûtâmes ensemble et
comme il vibrait sous mes caresses, le cher violon. Mais
la peur des anarchistes m'a fait égorgiller bien doucette-
ment ce bardache infortuné, au grand contentement
de sa famille qui n'eut rien de si pressé que de rendre
sa dépouille à mes confrères de la paroisse. Preuve in-
contestable que la Providence est avec nous. Vous seul,
monsieur, nous avez fait défaut.

Brunetière. — Décidément, très cher frère, vous
manquez un peu d'idées générales. Ce sont les présidents
de la Ligue si éminemment française (où les noms de

Massimilano Régis et de l'antisémite Trois-Lunes et du gé-
néral Vers les Tilleuls, unissent les patronymes autochto-
nes de Zurlinden et de Trémund) qui m'enjoignirent cette
cacade.

Nous avons bien autre chose à faire que de sauver un
coupable, que de mettre à mal le premier honnête homme
venu. Vos frères suffisent amplement à cette besogne. Quant
à nous, entrepreneurs de faux, de vols et d'incendies, nous
incarcérons les braves gens par fournées. Un innocent
nous incommode : aussitôt nous l'expédions à Cayenne,
priant M. Rochefort de le vitupérer chaque matin. La
France a commis, hier, le crime de nommer Président
de la République un républicain. Mes bons amis : Jules
Guérin, les souteneurs de la Villette, les escarpes de la
rue Saint-Dominique et les bedeaux de l'archevêché
vont faire payer cher sa magistrature à celui qu'ils nom-
ment déjà Panama Iᵉʳ. Toute une glorieuse campagne
d'insurrection, de mensonges, de calomnies et de lâchetés
nous ouvre sa carrière. La rue abominable, féroce et pu-
sillanime hurle par la bouche de tous ses voyous. Nous
devons, cher frère, nous réserver pour la Croisade sainte
des intérêts matériels que défendent les Deux Glaives,

pour la prise d'armes, pour les holocaustes que le Sabre et le Goupillon fomentent au nom de la Propriété.

Flamidien. — J'accède à vos raisons et m'incline devant cette logique. *Amen!* Quelles que soient les révolutions, les tourmentes populaires, l'Église sauvera son enjeu. Le frère Flamidien aura son pain cuit. Je trouverai toujours quelques mères chrétiennes pour me confier l'éducation de leurs enfants. A présent, un seul mot et je me tais. Entre nous, le plus escarpe des deux n'est pas celui qu'on pense. J'aime encore mieux vivre dans la peau de Flamidien que dans la vôtre, Monsieur Brunelière, instigateur de canailleries vertueuses, d'assassinats patriotiques et d'abrutissement national.

20 février 1899.

NOTES
ET ADDITIONS

NOTES

ET ADDITIONS

Page 17 : . . . . *Dieu donne*
Quelques dents à Barrès . . . .

Le joli garçon que la Boulange enfourna dans le Natio-
nalisme ; le dandie copain de Millevoye et porte-coton de
Déroulède ; le Sganarelle de la rue Caroline, ami de
Wyzéva et cunilingue de toute personne en vue ; le qua-
dragénaire aux chicots mal odorants, Barrès enfin, puis-
qu'il faut l'appeler par son nom, s'est avisé récemment
d'une manœuvre près de quoi la déglutition des étoupes
enflammées n'est que petite bière et fruit de la Saint-Jean.

Le monde regorge d'éclopés. Les uns borgnes, les
autres bancals. D'autres qui, rétrécis, comme Pappahy-
drargiropoulos, consument leurs heures lentes au fond de

les lavacres, marquis de Rambuteau ! Quand il veut ouïr,
— Maurras, tel qu'un mal blanc, présente sa narine d'où
suinte maint faguenas : car, à l'imitation des fleurs, il
expire d'étranges aromates : benjoin, civette et petit
musc.

Barrès, le secoué de Bérénice, fait voir une autre spéci-
ficité. Cela est plus ostensif, plus gênant aussi que les
bobos même répugnants. C'est le chancre huntérien, la
pelade irrémissible d'un esprit voué par définition à la
niaiserie autant qu'à la bassesse. Barrès est incommodé
par la fièvre électorale, intoxiqué de manie politique. Il
chahute, devant les urnes une pastourelle de Saint-Guy,
débistroquant son échine en porte-manteau et faisant trêve,
pour un jour, à l'incomparable ladrerie dont le sort le bla-
sonna. Pour s'asseoir entre Drumont et Déroulède, il hu-
merait des flots de boue ; on le verrait lamper — tel un
chocolat magnanime — les plus nidoreuses déjections. Na-
turellement, son âme de chiffonnier vole aux tas d'ordures
et telle est son aristocratie native qu'il y trouve fréquem-
ment un rogaton, pour ses dents à pivots.

Une réclame d'éditeur nous a dévoilé sa plus récente
vilenie. C'est sur la tombe de Guaïta, close depuis près

d'une année, qu'il vient d'exécuter la parade en question.
Compagnons d'études au lycée de Nancy, Barrès et le
pauvre Stanislas avaient entre eux un abime infranchis-
sable à la province. Envieux déjà, Barrès ne voyait point
sans jaunisse l'héritier du marquis de Guaita frayer dans
un monde où lui, marjolet sorti d'une maison infime en
bourgeoisie, n'était admis que par dédaigneuse faveur.
Guaita, généreux et débonnaire, comblait gracieusement
le fossé. Mais son haineux condisciple n'en verdissait pas
moins de rage contenue. Il le lui fit bien voir aux heures
où Guaita, confiant dans les souvenirs de jeunesse, vou-
lut obtenir quelques bons offices de la plus banale caté-
gorie : communication aux journaux, assistance dans les
duels. Barrès refusait net, de cet air godiche et emprunté
qui le caractérise.

A présent, il bat la caisse et prend orgueil de l'occultiste
mort. Ceux qui aimèrent Guaita ont lieu de s'étonner. Bar-
rès fréquentait peu chez ce parfait gentleman. Son man-
que de tenue aurait mis quelque froid. Devant les amies
de Guaita, le délicieux auteur d'*Un homme libre* se vau-
trait dans les fauteuils et posait sur la cheminée ses pieds
interminables, au point qu'on oublia toujours de le con-

vier aux symposium cabalistiques de l'avenue Trudaine.

Mais, voilà que, neuf mois (le temps de perpétrer un gosse), après la fin douloureuse de son compagnon d'enfance, il lui consacre une émotion rétrospective, le filandreux honneur d'une chronique étoupeuse et bondieusarde. Etrange, n'est-ce pas ? comme dit Vascagat, suzerain des vieilles bêtes. Etrange ! pas le moins du monde.

Ayant donné tous les gages de servilisme que peut fournir un pied plat de sa sorte ; ayant emboîté le pas au « général de cirque » et ramassé le crottin des vivelarmées, Barrès escompte déjà, pour sa future veste, le bon vouloir de l'aristocratie nancéenne. A ces causes, il flagorne les Guaita. Il retrouve les phrases dont, la veille d'*Une journée parlementaire,* il pourlécha Sarcey, « esprit net et judicieux ».

Il orne ces obsèques rétrospectives de courbettes aplaties, et, sur le tombeau même de celui que, par convenance ou pudeur, il devrait oublier, prostitue jusqu'au souvenir à ses ambitions de cuistre, à ses ambitions de misérable cancre, de gredin politique et de grimaud lettré.

Page 32 : *Voilà donc quels vengeurs s'arment pour ta*
querelle !

— Ce n'est pas sans motif que l'on se fait syndicataire,
palabra mon ami l'esthète Purazur, mâchonnant son neu-
vième cigare à la porte du café.

Autour de nous Paris s'abêtissait devant la bière de
mars et le bouillon d'onze heures, jetant de la fumée en
proférant des sentences négligeables. Comme j'acquiesçais
d'un air à la fois entendu et somnolent, il érigea, dans la
buée aromatique, un poing démonstrateur. — C'est, dit-il,
une question d'heure et de tempérament. Au lendemain
de la dégradation, vinrent à nous les premiers dreyfu-
sards sur une poussée d'égo-altruisme propre à leur
faire honneur. Quoi ! n'était-ce pas assez d'avoir infligé
à l'innocent une telle misère ? Fallait-il qu'un Talmeyr
déchargeât sur lui son catarrhe et qu'Arthur Meyer lui
lançât au visage le pied malpropre de ses bidets ? Plus
d'une femme en repartit, émue, l'entendant crier : Vive
la France ! » et plusieurs, hostiles au début, ne savaient
que penser en revenant chez soi.

D'aucuns, mus par l'honnêteté du vieillard Scheurer,

se firent une conviction indéracinable. Huguenots et doctrinaires, ils suivent les comportements de ces martyrs qu'Agrippa mit en vers.

Puis ce furent les savants qui cherchent à comprendre. L'Ecole des Chartes, l'Académie des Sciences, les laboratoires de chimie nous valurent ces intellectuels disciplinés aux méthodes rigoureuses. Ils ont cherché et trouvé, en cherchant, la vérité. Ils démasquèrent Esterhazy le vieux galantin et le faussaire, cosmétiqué de noir depuis l'âme jusqu'au toupet.

Survint Zola, survint la généreuse diatribe « *J'accuse* ». Devant ces mots de flammes, les artistes, les rêveurs se sont dressés, les uns pour la beauté de l'œuvre, d'autres pour son audace, tous, enivrés du souffle véhément qui gonfle ces pages immortelles. »

J'en connais qui se rallièrent par hygiène. Ceux-là craignent l'odeur du ruisseau et la vase du *Jour*. Ils trouvent Possien trop ignoble, Déroulède imbécile, Drumont anthropophage et torcheculatif notre vieil « Oison d'or ». Le Beau-frère les incommode, Millevoye les écœure. Ils redoutent ces boueux dont la plume époussette l'égout et récure le charnier. Toutes les crapules hors d'âge prennent leurs invalides en ces papiers qu'ils font, du cannibale Guérin au père Vascagat. Ainsi est-on dreyfusard par élégance, loin des clairières maudites où les vieilles patriotes, Gyp, Bovet ou Lucie Faure marmitonnent la cuisine du drapeau.

Votre camarade Tybalt prend ses raisons de la Bible italique dont il fait — c'est Ledrain qui l'atteste — son livre de chevet : *Exortum est in tenebris lumen rectis,* dit-il avec cette émotion véhémente que vous lui connaissez.

Il faut, en outre, recenser les gens qui, mystifiés d'abord, se targuaient de clairvoyance. La déposition des experts les éclaira. La tenue des officiers dégoûta les personnes bien apprises. Tels ont frémi à la pensée de Cavaignac dictateur. Le suicide obligatoire d'Henry ouvrit les yeux du plus grand nombre. L'ignominie antisémite fit le reste. Je ne parle point du Syndicat, ne l'ayant jamais rencontré dans mes caravanes, de quoi vous me voyez tout à fait marri.

Son regard s'éplora vers le hanap quasi étanche. Il vida la coupe de houblon, rêva, puis brusquement :

— Et vous, dit-il, comment l'êtes-vous devenu ? — Moi !

C'est bien simple. Je le suis du moment où je connus que Barrès avait pris du service dans le camp opposé. »

Page 42 :   *Villanelle.*

Si j'avais l'honneur de fréquenter avec M. V.   je m'affublerais sur-le-champ d'un scaphandre. Plongeant, comme Aristée, dans les humides royaumes, j'aborderais le candidat icthyomorphe des Grandes-Carrières et lui dirais ceci :

— V(, mon cher ami, vous fûtes heureux, jusqu'à présent, comme un poisson dans l'eau (c'est le terme propre). La Fortune, qui aime les audacieux, accumula, sur votre dos couleur d'espoir, les meilleurs de ses dons.

Fils d'un gratte-papier à la mairie du Sixième, vous connûtes, dès le foyer, d'inappréciables avantages : une famille sans préjugés, une sœur laborieuse et dévouée à son grand frère, tout ce qui crée, ici-bas, le bonheur domestique, et la richesse, et l'éclat social. Votre règle de

vie fut immuable, dès la première barbe. Il ne fallait,
pour l'inventer, la lecture de Kant ni celle de Hegel. L'as-
cèse n'en impliquait pas le moindre effort ; le programme
en pourrait tenir dans un couplet seul d'Aristide Bruant :

> *Ma sœur est avec Eloi*
> *Dont la sœur est avec moi.*
> *Chaque soir, je la refile,*
> > *A Belleville ;*
> *Comm'ça j'gagne pas mal d'braise :*
> *Mon beau-frère en gagne autant*
> *Qui refile ma sœur Thérèse,*
> > *A Ménilmontant.*

De plus, comme le sort vous a traité en enfant chéri,
ce n'est pas dans les quartiers marécageux du Père-La-
chaise que vous « refilez » mais dans le *Jour*, trottoir
aussi bien famé que le Casino de Paris, avec, pour beau-
frère, non pas un Eloi quelconque, mais bien le marquis
lui-même, Henri de R........ Lo...,.

Moitié chantage, moitié escroquerie, vous passâtes con-
fortablement les dix années tumultueuses de la jeunesse,
buvant frais, mangeant du meilleur et délectant vos reins

pour un juste salaire. Vous atteignez à présent, s'il en
faut croire vos affiches, la trente-quatrième année, point
culminant de la vie humaine ; vous avez, pour parler
comme une danseuse de mes amies, « *l'aze dou bon Diou* ».

Eh bien, souffrez qu'on vous le die, vous manquez, dans
cet instant climatérique, de mesure et d'intuition. Est-ce
votre gloire pendant l'affaire Zola qui vous grise de la
sorte, les poignées de mains de l'Etat-Major ou bien l'o-
deur exhalée par le dernier chicot de « *l'Homme Libre* » ?
Toujours est-il que vous déviez quelque peu de cette con-
duite miraculeuse qui fit de vous un estafier si magistral.
Quelle tarentule vous a mordu que vous affrontiez ainsi
les pugilats électoraux et quittiez votre bain de beurre
pour les gravats de la terre ferme ? L'ovation que vous
ont faite, dimanche, les électeurs montmartrois aura, sans
doute, éclairé votre esprit et dessillé vos yeux.

Vous comprendrez combien dangereuse l'illusion qui
vous tient de ne distinguer pas les fonctions d'avec les
filles publiques, de se croire idoine aux unes parce que
l'on a séché le bas des autres. Donc, revenez à vos chères
études que ne déséquilibre aucune préoccupation d'intel-
lectualité ; car vous n'êtes pas de ceux qui perdent leur

temps à Bayreuth, dans les musées ou dans les bibliothè-
ques. Préservez avec soin Mademoiselle votre peau des
horions et des amendes fluviatiles. Gardez que nulle ava-
rie n'entame un capital si précieux.

Vos affiches tricolores donnent au pont Caulaincourt
un faux air de porcelaine, divertissent, depuis assez long-
temps, les macchabées du cimetière. Voici l'heure de
suspendre les frais et d'assumer derechef votre nuance
quidditive. L'azur seul, mon cher V. . . . ., l'azur et l'ou-
tre-mer glacés d'un peu de rose avec beaucoup d'argent,
d'après la formule que donnent ceux de Dieppe, les plus
généralement estimés.

Page 44 : *Villanelle.*

M. V . . . t, candidat ichtyomorphe, en même temps
que journaliste pisciforme, nous procure aujourd'hui l'hu-
midité de sa fréquentation. L'époque est bien choisie,
car voici le beau temps et la saison des bains de mer. Il
sied d'avoir des amis partout.

L'on connaît combien, depuis Amphion, les hommes
doivent de secours aux hôtes écailleux et dévoués de l'an-
tique Océan. Je rêve, non sans quelque vanité, que, grâce
à la présentation de maître Désiré Bourgoint, Vervoort
m'extraira, peut-être, d'un bain malencontreux, me ra-
mènera, cet été, vers la baie de Douarnenez ou la côte
d'Hendaye, entre le ciel d'azur et l'onde cérulée, à cali-
fourchon sur sa croupe de myosotis.

Le blacboulé des G.   -Cᵃ   .   — V   qui fit
la sienne d'avoir une cadette bien en chair — montre
peu de philosophie devant les rigueurs du suffrage uni-
versel. Renonçant au mutisme spécifique, il confabule ou
du moins invite à fabuler, en son lieu, maints huissiers de
Paris. Philippe Dubois, Le Pic, Ibels et moi-même, mes-
sieurs, sans nulle vanité, ceux que divertirent ses ébats ma-
ritimes, ceux qui lui donnèrent une place dans leurs vers,
leur prose ou leurs croquis, ont éprouvé le phénomène.
Oui V   a proféré des sons et voilà un miracle bien
idoine à déprécier l'ânesse de Balaam.

Et pour comble d'horreur les [lape]reaux parlèrent!

Nous l'avions ouï, déjà, pousser maintes bulles et don-
ner des nageoires devant l'autel de Domrémy. Jeanne

d'Arc l'aguiche énormément. Entrepreneur, comme il est, de travaux féminins, il souffre de voir si longtemps inemployé ce capital historique.

Volontiers, il épouserait Jeanne et fonderait, avec son aide, une maison de rapport.

Hélas ! les gens de Clignancourt n'ont pas compris ces choses. Ils apportaient des cannes à pêche aux symposiûm tricolores du bel André. V.   riait : « *Vive l'armée!* » les assistants répondaient en chœur : « *Il arrive!* » tant le respect réussit mal aux pieds du Sacré-Cœur. Le joli gars fut interloqué. Il en ronchonne même encore, si j'ose m'exprimer, n'ayant pas la haine adroite et scrofuleuse de son compère de Nancy. Barrès, dont le torse pareil à un bec de gaz, l'estomac dyspeptique et la tête de châtré ne font pas un Roméo, distille intérieurement sa bile ; mais V   . Greluchon irrésistible, le seul homme qui, d'après un mot connu, doive le *Jour* à sa sœur, n'a point cette fermeté d'âme, ni la suppuration intérieure, ni le fiel résorbé qui fait l'Intellectuel empereur des envieux.

Il nous traîne devant cette vieille Thémis qu'il prendrait volontiers pour sous-maîtresse. Espérons que cela

réussira! Grâce aux libéralités du Syndicat, aux galions
que le Traître nous envoie hebdomadairement de son île,
nous paierons volontiers les vingt sols qu'il réclame.

Les curés de Tarbes, moins discrets, sollicitaient mille
francs par grouin. Or, ils étaient quatre cents, tant il est
vrai que le plus marécageux des laïques l'emporte encore
sur le meilleur des clercs!

Page 61 : *Et monsieur Deschanel à les servir est prompt.*

On voudrait, pour la raison comme pour la pudeur, mé-
dire ici de M. Paul Deschanel : mais la chose ne se peut.
Il n'est, sur son compte, ni bien ni mal à exprimer. C'est
le néant sans phrase, le vide absolu. Il préside la
Chambre où nul de ses prédécesseurs n'aura incarné au
même degré la médiocrité des Assemblées délibérantes. Il
a tout ce qu'il faut pour complaire à Judet, éblouir Ar-
thur Meyer et délecter la rue Saint-Dominique. Imaginez

une tête de cire à la moustache grotesquement troussée, un gamin défraîchi qui muguette, caracole, bavarde et politiquaille, un dadais folâtre, nonobstant la quarantaine plus que sonnée, lequel, tout en folie, descend de sa cravate blanche pour histrionner dans les « salons ». J'eus, il y a quelque six ans, l'incomparable amusement de dîner à ses côtés. Soit que Mme Gauthereau, plus surhumaine (est-il possible?) qu'à l'accoutumée, eût, ce jour-là, multiplié sa verve, soit que, de janvier à décembre, il caracole de même, le garçon déploya tous ses moyens. Impossible d'être plus fade, plus griset et de compagnie plus boutiquière. Le pédantisme hilare du Sorbonnard avec je ne sais quoi du perruquier en belle humeur, tel se fait voir le Deschanel quand il pommade.

On le tient pour « extrêmement distingué » dans les milieux qui ne le sent point : c'est un dandie manufacturé par son tailleur.

L'écrivain, l'orateur sont de même envergure. Articlier pour revues académiques, il a médiocrement approfondi les études faciles qui lui permirent de devenir un sous-Hanotaux. Comme Prévost-Paradol (qui, du moins, avait une âme et de l'esprit), il publiera sans trève, des Mé-

langes d'abord, puis de nouveaux Mélanges, dont un édi-
teur posthume fera, seul, paraître les derniers.

Fils d'un proscrit, M. Paul Deschanel vint au monde
(en 1856, l'adolescent !) pour y tenir l'emploi de fils à son
père. Ce père, brave homme, dit-on, mais le plus inepte
qui soit, rabâcha toute sa vie d'effroyables sornettes. Les
collégiens lisent encore son *Histoire de l'amour dans l'an-
tiquité*, heureux d'apprendre que la sodomie n'est point
un apanage exclusif de Jean Lorrain et de Pierre Loti.

Paul Deschanel fut un des cent mille jeunes gens
qui, sous couleur d'études libérales, se destinent au pou-
voir. Tout d'abord il exerça la verve à ras du sol qu'il tient
de la nature, une faconde bête de calicot fashionable,
dans ce qu'il convient de nommer l'autopédagogie gou-
vernementale.

« *Etre médiocre avec éclat* » : le mot des Goncourt sem-
ble la devise toute faite de cette catégorie d'ambitieux.
La plupart, sortis de maisons ultra-bourgeoises, apportent
dans le maniement des élégances l'air agréable de cet
émigré, vu par Chateaubriand, qui s'était fait maître
à danser chez les Iroquois. M Deschanel a étudié la
rhétorique parlementaire. Il ne sait même que cela, car

ses lectures n'ont jamais eu la connaissance pour objet. Il n'a jamais ouvert un bouquin par curiosité, par besoin de savoir. C'est un *scholar* qui hante les bibliothèques, y cherche des citations oratoires, des textes propres à *coller* Jules Guesde ou Karl Marx. S'il avait été capable de lire autrement, s'il n'était pas le produit synthétique et représentatif du néant fomenté par les grandes Ecoles — un navet pour tout dire, et de la moins savoureuse espèce — il ne méconnaîtrait pas les origines françaises du socialisme qui, par Vauban, Quesnay, l'abbé de Saint-Pierre, Mably, Rousseau et tous les philosophes du xviii* siècle, sans omettre Voltaire ni Montesquieu, ni Louis XVI lui-même, qui parlait aussi bien que Marat de sa « vive sensibilité », nous arriva dans les gloses de Saint-Simon, d'Auguste Comte, de Fourrier, — de tous les rationalistes contemporains.

Ajoutez à cette culture l'âme la plus servile, une déférence nègre pour l'ordre établi, et, brochant là-dessus, l'infatuation du quidam, généralisée comme un eczéma le long de sa personne.

M. Paul Deschanel est un sot. Mais la politique, dont il est certes le plus mince infusoire, ne manque ni d'assises ni de gravité. C'est une île de corail, encombrante et dangereuse, un récif mortel aggloméré par des poux. Retirer le pouvoir du peuple aux assemblées, des assemblées aux cabinets, c'est toute leur méthode, leur machiavélisme. La parole, en ce cas, n'est plus qu'un narcotique, un stupéfiant que rêvent d'administrer à la France, par l'entremise de tels jeunes faiseurs, les vieux partis ralliés sous le drapeau des intérêts matériels. La turpitude contemporaine a, dans M. Paul Deschanel, sa plus récente et caractéristique épiphanie.

Que représente en effet ce Benjamin du Deux-Décembre, ce fils de proscrit acclamé par tous les rétrogrades, sinon les capitalistes du blé, la tyrannie agraire ? Il sera le Lycurgue d'une loi inique, la surtaxe de sept francs.

Voilà bien, d'ailleurs, la seule chance qu'il ait d'entrer jamais au Temple de Mémoire. Le mépris et la haine conservent leurs élus, tandis que le secret diplomatique, les intrigues de couloir, les ignominies judiciaires, et sa manie oratoire et son éloquence pour distributions de prix ne pourraient exonérer M. Paul Deschanel de la platitude congénitale. Mais, comme il le dirait lui-même en style prudhommesque, le parlementarisme est une arène où se

viennent tour à tour exercer les gredins et les pieds-plats.
Heureux qui se distingue par quelque maladresse inouïe !
Heureux qui détériore la justice et met un deuil nouveau
parmi les hommes. Il connaîtra le renom de Montgommery,
qui, sans fiel ni traîtrise, bouhourda son adversaire, trans-
perça d'une écharde le front aimé de son protecteur et
de son roi. A moins que désenchanté par la soixantaine et
les rides approfondies, M. Paul Deschanel, après dix ou
douze ans, ne reprenne un métier congruant à ses apti-
tudes : coiffeur pour dames, par exemple, ou régisseur
d'un théâtre enfantin.

Page 55 : *Ballade pour magnifier le cerveau chef.*

Le premier vers du poème ci-dessus donna lieu à un
envoi de témoins à l'auteur par M. Ernest Lajeunesse
et motiva la rencontre enregistrée dans les procès-verbaux
suivants :

« La main droite de M. Laurent Tailhade n'étant pas

encore complètement guérie, les témoins de celui-ci ont déclaré à MM. Joseph-Renaud et Jean de Mitty que leur client désirait se battre de la main gauche.

« Après en avoir référé à leur client, MM. Joseph-Renaud et Jean de Mitty ont accepté.

« Ils ont d'ailleurs informé MM. Ph. Dubois et Le Pic que, par courtoisie, M. La Jeunesse tirerait aussi de la main gauche.

« Le combat sera dirigé par M. Joseph-Renaud.

Pour M. Laurent Tailhade :	*Pour M. E. La Jeunesse :*
PH. DUBOIS.	JOSEPH-RENAUD.
LE PIC.	JEAN DE MITTY.

De Paris, le 18 de janvier.

« Le combat eut lieu conformément aux conditions ci-dessus.

« Quatre balles ont été échangées sans résultat.

« Les docteurs Edmond Vidal et Jacomet assistaient les adversaires.

Pour M. E. La Jeunesse :	*Pour M. Laurent Tailhade :*
JOSEPH-RENAUD.	PH. DUBOIS.
JEAN DE MITTY.	LE PIC.

« A la fin du combat, d'un mouvement spontané, M. Laurent Tailhade et M. Ernest La Jeunesse se sont offert la main. »

Le Journal, 24 janvier 1899.

———

Page 64 : *Pour toi, Guérin frappe, Thiébaud nasille.*

Un petit homme, épais moins que bouffi, avec, dans toute son allure, quelque chose de ces grotesques en baudruche par quoi les aéronautes éprouvent l'atmosphère. Les yeux étroits, d'un noir sans flammes et sans larmes, ont l'air découpés dans les matières les plus inertes. Une face poupine d'adolescent monté en graine, la voix d'un diseur de riens et les façons d'un comm's, tel d'abord apparaît Georges Thiébaud. De la tête aux pieds, la vulgarité l'estampille. Ce serait le « Monsieur Quelconque » d'Herman Paul, si le néant qu'il représente ne l'avait fait à son image et, par l'accumulation des négatives, doué d'une espèce de physionomie.

Ce n'est pas, comme l'ex-député de Nancy, un avorton malsain, un fœtus arraché avant terme. Il n'a pas le dos voûté, l'eunuchisme, l'indigence pileuse de Barrès. Il n'en a pas non plus la méchanceté froide, l'élégance rastaquouère, le manège, l'impudent égoïsme, — l'ambition forcenée inhérente aux castrats. Si sa vie publique est celle d'un marchand de contre-marques.

Il semble à qui l'approche capable de sentiments humains, d'une bonté sans élévation, de modiste ou de bureaucrate. Ses gestes d'un collégien que fatigue la croissance ne manquent de rondeur ni de cordialité. Chose inconnue à l'*Ennemi des lois*, Thiébaud a de la barbe avec de belles dents.

Ce n'est pas un monstre, c'est un inachevé. Le nez petit, mollasse trop loin de la bouche, surprend par sa candeur, par son indécision. Le fashionable d'Edgard Poë eût ajouté, pour ce nèz-là, un chapitre à sa *Naséaulogie*. C'est le nez badaud, élastique, insurrectionnel du gavroche parisien, le nez du mitron suiveur d'émeutes. Les cartilages en sont restés mous. Nulle volonté ne l'ossifie. Il est le trait essentiel, la marque physiognomonique d'un subalterne que nul cataclysme ne saurait affranchir.

Thiébaud, négligé dans sa mise, est vraiment l'homme à tout faire qui prend ses nippes chez la Belle Jardinière et ses idées chez le fruitier du coin.

Les hasards l'ont fait politicien. Il pourrait, avec la même gloire, exercer n'importe quelle fonction d'ordre misérable. Clerc d'avoué, pédicure, intendant de prince nègre ou, comme disait Hervé, « surveillant du gaz dans une riche famille péruvienne » — colleur d'affiches ou candidat, on ne l'imagine point hors de l'office, des potins et de la domesticité.

Ce fut proprement l'innéité ancillaire qui détermina son orientation vers le boulangisme. Il se vante à présent d'avoir créé le « Prétorien de cirque ». Mais cette gasconnade funèbre n'en saurait imposer à quiconque. Il a suivi en larbin, non précédé en éclaireur, la grande mascarade.

Napoléon III fut le César des riches propriétaires, de l'armée et du clergé ; Gambetta le dictateur des ronds-de-cuir, des marchands de vins et des officiers d'académie. Boulanger, à son tour, connut l'omnipotence. Il régna sur les camelots de l'une et l'autre rive. Georges Thiébaud, qu'entraînait son penchant naturel, suivit éperdument ce roi des Halles. Chassé par le comité boulan-

11

giste, il échappa au krack dernier, à la tragédie, au ci-
metière d'Ixelles, à toute cette fin de roman, si touchante
qu'elle efface presque les hontes du général « Sapoire ».

Et voici où l'instinct de Thiébaud le sert miraculeu-
sement : un flair de mercanti le poussant aux besognes
sordides, il revendique pour autrui l'ergastule, son habita-
cle naturel. Ses articles chez Arthur Meyer — Meyer qui
connut aussi l'état de chambrière et rinça les porcelaines
nocturnes de Blanche d'Antigny — ses articles du *Gaulois*
montrent bien les deux tendances du pâtissier révolution-
naire et du larbin soumis qui se partagent l'intellect em-
bryonnaire de Thiébaud.

Comme tous les *minus habentes*, le candidat patriotard
de Vaucluse regorge de vénération pour l'uniforme, de
sentiments grandiloques et de chrétienté. A nous qui tra-
vaillons, cherchant, d'une âme infatigable à penser
juste, à vouloir haut, il reproche le scepticisme, le man-
que de croyance et tout ce qu'il vous plaira. Or Thiébaud
qui est un genre, Thiébaud pareil, en cela, comme en
toute chose, à la caste invertébrée qu'il représente, Thié-
baud ne croit et ne peut croire à rien. Il vénère les ga-
lonnés, sous le dolman du sabreur ou la chappe de l'évê-

que. Il salue et s'aplatit. Il défère aux superstitions mais
ne saurait connaître ce que Michelet nomma la « foi
profonde ».

Quand il incrimine le scepticisme libertaire il semble
qu'on entende un visage de cire, maquillé, fardé et rac-
crocheur, alléguer que le sang rouge et libre colore in-
suffisamment la peau — que la vie est bien inférieure à
l'art des perruquiers.

Page 71 : *Quatorzain d'hiver.*

M. Jean Rameau, poète, nous fit tenir à *l'Aurore* le
message que voici :

Monsieur le directeur,

Ce m'est toujours une grande joie de constater que mon
brave ami, Laurent Tailhade, ne m'oublie pas. Jadis, il
m'écrivait des lettres inquiétantes, où il me donnait du

« cher confrère en Apollo » et me dédiait ainsi des livres:

« Au poète Jean Rameau, hommage de sympathie et d'estime artistique. »

J'aime autant, à vrai dire, qu'il m'accuse de ne pas être « joli, joli » et même de « monter en omnibus ».

M. Tailhade, si j'ai bonne mémoire, n'avait pas alors grand'chose de commun avec l'Antinoüs ; mais depuis, heureuse victime d'un beau geste, son visage s'est arrangé sans doute, et c'est ce qui lui donne le droit de nous écraser de sa plastique. Proclamons donc sa beauté de bonne grâce.

Une autre de ses amabilités consiste à me reprocher les *écus* que me vaudrait la récitation de mes épodes. Cette légende me flatte trop pour que je la détruise moi-même.

Remerciez, je vous prie, M. Tailhade de l'avoir accréditée et dites-lui que je reste

Son très reconnaissant

JEAN RAMEAU.

En présence d'une protestation si courtoise et spirituelle, nous offrîmes des excuses au poète, spontanément.

Il a parlé, le gens irritable, Rameau,
Plus notoire que Géraudel ou que Momo.
Pour m'habiller d'opprobre et me faire la nique
Il a de son esprit mû la pyrotechnique,
Et cela fait penser à Champcenetz. Or, donc
J'en tiens au flanc : car il me conteste le don,
Cher à Loti, cher à Cypris, cher à Liane,
D'être beau comme Ernest la Jeunesse ou la cane
De Montesquiou. Pourquoi mes parents m'ont-ils fait
Bancroche, nasitord, punais et contrefait
(Cela est bon pour vous induire en parricide)
Jusqu'au point que Claudicator — combien acide,
M'incrimine pour un défaut de vénusté.

En vers simples, en vers confits d'humilité,
J'éloignerai de moi cet exemple funeste.
Adonc, je me rétracte et, fuyant comme peste
Les concetti, les agudas, le calembour,
Je déclare que, de Nante à Christmas-Harbour,
Rameau tient le record des beautés familières.

S'il boite, c'est à la façon de La Vallière :
Et le dernier morceau, gloire d'un tel cerveau,
Son billet est si beau que l'on dirait du veau.

Page 75 : *Candidats à l'immortalité.*

« Les poètes, disait Rivarol, sont pour la plupart comme les rossignols : ils ont reçu leur cerveau en gosier. »

Ceux d'aujourd'hui, les poètes qui débitent le macaroni des rimes riches ou le fromage mou du vers libre ; les sexagénaires du Parnasse et les petits vieux du décadisme, n'ayant plus ni cerveau ni gosier, semblent avoir substitué à ces organes un moignon qui les remplace : de même le proboscide éléphantin joue, en même temps, la bouche et les dix doigts. C'est le goût de la réclame ; c'est la trompe de la renommée, une trompe qui jamais n'éprouva de salpyngite et où bavent sans relâche les plus éhontés nigauds.

Un mercanti de littérature industrielle, négociant en
contremarques, et gargotier en chef d'une revue sans
nom, M. Léon Deschamps (si j'ose m'exprimer ainsi)
Deschamps le vrai, le seul, le Géraudel ; celui qui, sous
couleur de banquets esthétiques, vendait, naguère, pour
dix francs, aux gens de lettres, un dîner de trente sols,
partageant la plus-value avec un cafetier du boulevard
Michel ; Deschamps qui vécut — telle une ptomaïne — du
cercueil de Baudelaire, s'ingénia, voici quelques années,
d'une invention merveilleuse.

Paul Verlaine traînait encore, dans les estaminets de
la rive gauche, sa gloire, ses douleurs et sa déréliction.
Touché par le démon de l'ivrognerie, le pauvre Choulette
agonisait. Déjà, les acarus du poème et les sarcoptes de la
chronique choisissaient leur morceau du cadavre futur,
préludant à cette curée de vermines où le comte Robert
de Montesquiou embrassa Bibi-la-Purée.

Deschamps alors imagina de faire consacrer la gloire de
Paul Verlaine par les chansonniers qui batifolaient nui-
tamment au Soleil d'Or.

Joseph Canquetau sacra « *Lélian* » prince des Poètes
sur l'air du *Père la Victoire*. Buffalo voua au maître quel-

ques hymnes délicieux orchestrés à la manière de Polin.

Ovations plutôt modestes. Les lampes Popp du caboulot seules éclairèrent ce triomphe ; les pipes grésillantes servirent d'encensoir au nouveau Pétrarque. Cazals même fut l'unique Cimabuë qui, pour les âges à venir, consigna l'apothéose.

Verlaine mort, l'invention fit tache d'huile. Deschamps avec sa *Plume* interrogea les volailles dont elle était sortie. Moréas, le marchand de kakaouëts, perruche de Ronsard et sansonnet de Malherbe, offrit sa pacotille aux peuples ébaubis, héritier, avec son ami Maurras, de la gloire Vendômoise, l'un en ayant pris les vocables, l'autre la surdité.

Ces Bornibus de la chose rimée imposèrent à l'auteur d'*Hérodiade* un pavois métaphorique dont ils pensaient bien, quelque jour, faire leur chaise percée. Maurras entend par le nez ; Moréas ne rime que sur cahiers de bonnes expressions ; mais ils ont pour eux Barrès, Barrès de la tribu des édentés, Barrès qui, n'ayant ni la barbe ni les dons qu'elle implique, aime servir de duègne aux plus notoires fausses-couches.

Si hâtif, le deuil de Mallarmé revêt de crêpe nos mé-

moires et nos cœurs : les histrions de cimetière repren-
nent déjà sur son tombeau leurs pantalonnades sacrilèges.
On interviewe quiconque tient une plume, un crayon,
pour connaître son avis touchant les mérites comparés des
gentilshommes à hémistiches. Les jeunes poètes de qua-
rante ans éprouvent de rechef les sensations du premier
rendez-vous. Leurs cœurs palpitent comme une tourte-
relle malade à l'imagination de se voir élus.

Pensée inégalable de Deschamps ! Nous avions déjà la
première encre, le plus éminent charcutier, les meilleurs
journalistes et la plus sévère proxénète de Paris. *Vexilla
regis prodeunt !* voici venir aussi le Prince des poètes,
garanti sur facture par une demi-douzaine de banquistes,
par un escadron inégalable d'idiots !

Page 76 : *Et ceux dont les neurasthéniques mucilages
Pour monsieur de Vogüé sont emplis d'agrément.*

C'est vraiment un joli garçon — patron de modes néo-
chrétiennes, de bafouillage salonnier, que Melchior de

Vogüé, académicien départemental, journaliste à la gui-
mauve et commis voyageur pour Tolstoï, dans les milieux
distingués. Hobereau, parti de son Ardèche à la conquête
des intelligences, il a couru le vaste monde. Les paysa-
ges, les mœurs, les cités et les plaines, les golfes et les
cîmes ont défilé à ses yeux. Il a promené, du couchant
au ponant, sa cervelle d'oiseau, ses doctrines de collège,
ses élégances de coiffeur, sans que tant de milieux divers,
de spectacles inouïs aient conféré à son écriture le moin-
dre vestige de couleur ou de passion.

Une tête embryonnaire, un fœtus de dandie échoué dans
le figarisme, la littérature slave et autres balivernes ; un
de ces confesseurs laïques préposés à la direction des
vieilles dames qui, « pour se consoler de leurs flueurs
blanches, font de la musique religieuse », tel apparaît
le sieur Vogüé. Il se targue d'avoir initié la France aux
beautés de l'alliance russe : nul, en effet, n'a plus tar-
tiné, plus bêtifié que lui sur Gogol et sur Pouskine, sur
Pisemski et Goncharoff. C'est la mouche du traîneau, le
hanneton de la Néva, le dwornik de Dostoïewsky.

L'Académie a consacré tant d'élégance. Pour jouer
Renan dans les châteaux de province, Melchior affecte

des airs penchés, une grâce élégiaque de blonde romanti-
que. Dans le monde spécial, où son confrère Loti recrute
des frèryves, on ne manquerait pas de lui infliger des sur-
noms tels que *La Fleur fauchée* ou *la Môme cold-cream.*

Un personnage de cette onction ne peut manquer d'offrir
quelques dragées aux caporaux qui nous gouvernent.
Hier, il sucrait, dans le *Figaro,* une tartine vermineuse à
la louange des armées. Incroyable effet du pantalon rouge
sur les vieilles lymphatiques ; Vogüé peuple deux colonnes
et demie avec tant d'aisance qu'il continuerait jusqu'au
lendemain si les nécessités du tirage n'enrayaient sa fa-
conde.

Il a une parole émue, un verbe enthousiaste, un « con-
tinuez » pour chaque nègre de l'État-Major. Les officiers,
dit-il, sont « astreints à des travaux savants ». Il entend
par là, sans doute, les patenôtres de Boisdeffre, les revues
d'astiquage, les tables tournantes du Paty de Clam, les
mensonges de Pellieux et l'espionnage teuton d'Estherazy.

« La règle de ces moines » qu'il admire, avec « le
public de Coppée », autre bonnet à poil flanqué de pal-
mes vertes, l'attendrit jusqu'aux rognons. De fait, cette
règle qui comprend la vie de café, l'alcoolisme, le bac-

carat, le lieu d'honneur pour les roturiers, la sottise et
les intrigues mondaines pour les vicomtes de Saint-Cyr,
imprime un caractère indélébile à quiconque l'exerça
pendant un lustre ou deux. C'est à vrai dire une *ascèse*
merveilleuse d'ignorance et de brutalité.

Vogüé en proclame les résultats :

« Par cela seul (l'Armée) nous avons chance de vivre,
de continuer nous et nos enfants, se dit le peuple. »

Le peuple a bien raison, instruit, comme il fut et par
les conseils de guerre où l'on canarde ses enfants, lorsque,
entre deux vins, ils protestent contre la tyrannie du der-
nier sous-off, et par Fourmies, et par les insurgés de
Milan que canardaient, hier encore, les miliciens d'Hum-
berto, cependant que le souverain festoyait avec placidité
devant son peuple expirant de famine.

Ces jolies choses plaisent aux belles mondaines, aux
casernes et aux séminaires. M. de Vogüé ne l'ignore pas.
Etre un sot n'empêche pas qu'on soit un aigrefin. De là
ce dithyrambe académique, cette courbette servile du
langoureux Melchior, qui connaît à quel point sont utiles,
honorifiques et rémunératoires la reptation devant le
sabre, l'aplatissement devant les galonnés.

Aux premiers jours de mai, Rome célébrait jadis —
avant l'infection chrétienne — une *Vigile de Vénus*.
Ainsi, Melchior de Vogüé solennise à sa manière, par sur-
croît de bassesse, la Vigile du procès Zola.

———

Page 113 : « *Vive l'armée !* » *exclama Déroulède*.

Si l'ingénuité se mesure à l'aune, M. Paul Déroulède
représentant des trois couleurs et de la ville d'Angou-
lême — est digne qu'on l'immatricule parmi les plus
grands bêtas du dix-neuvième siècle. Long comme un
jour sans pain, maigre comme un aztèque, avec ses
yeux ronds, ses yeux de pruneau cuit, sa bouche déhis-
cente, l'auteur de l'*Hetmann* porte sur son visage l'expres-
sion hébétée d'une candeur que cinquante ans n'ont pu
réduire. Il bée naturellement, comme la grenouille au
jeu de tonneau. Il gobe les mouches de toute sa lèvre infé-
rieure que surplombe un nez extravagant. Ce nez lamen-
table, pharamineux et truculent contraste avec le chef

exigu, la tête d'oiseau sans cervelle — dindon ou canari.
Des ailes noires pendent au corps, achèvent la ressem-
blance. L'on ne saurait imaginer Déroulède sans sa re-
dingue plus que Charles XII sans ses bottes.

Ce n'est pas un méchant homme. S'il éructe des méta-
phores sanguinaires, des tropes aussi guerriers que mal
bâtis, la faute en est aux dieux qui le firent si bête. Il
brait, comme un roussin, des âneries anthropophages parce
que nulle autre virtuosité n'est dans son registre. Le patrio-
tisme est un refuge suprême où les ratés, les grimauds,
sans cœur, esprit ni orthographe peuvent suspendre,
comme une guirlande, leur imbécillité.

Déroulède ne crie pas : « Vive l'armée ! » comme Bar-
rès pour fréquenter chez des personnes titrées, ni, comme
Judet, pour suborner les cuisinières, ni, comme Drumont,
pour crocheter les serrures. L'éléphant barit, le baudet
renacle ; ainsi Déroulède vocifère, tendant le poing du
côté des Vosges.

C'est un « mirliton d'alarme », ainsi qu'on l'avait sur-
nommé, un orgue de Barbarie qui moud naturellement
tous les poncifs, toutes les sottises du chauvinisme le
plus abject.

Bourgeois cossu, paisible et de mœurs douillettes, il aime les soldats. Il rythme la mesure à l'escadron en marche. C'est une bonne d'enfant — une sorte de Germinie Lacerteux, bafouilleuse et militaire. Il s'attendrit sur l'uniforme. « Tambours, clairons, musique en tête », il suit le régiment et dégaîne avec héroïsme un sabre de bois. Coppée, lui, adore les officiers, les panaches, les bourreaux galonnés qu'il sait capables d'égorger, un beau matin, quiconque pense avec hauteur.

Les sympathies de Déroulède vont de préférence aux troubades, aux pousse-cailloux, aux culs terreux de la Grande Muette, qu'il endimanche de solécismes éperdus : car on ne saurait trop le répéter, c'est le plus bénin des hommes.

Ses vers à qui Thérésa prêtait une âme tragique au point de faire illusion sur leur néant, ses vers dépassent l'imaginable. Les *Intimités*, en comparaison, semblent une œuvre d'art.

> *Et gloire à ceux que rien n'épouvante,*
> *Qui, tombés vainqueurs, sont morts, réjouis,*
> *Leur perte qu'on pleure est un deuil qu'on chante,*
> *O grands cœurs, ils sont l'âme d'un pays.*

En vérité, le capitaine Lucien Imbard lui-même ne saurait faire mieux !

Et certes, il est juste que M. Déroulède figure à la Chambre, seul lieu adéquat à sa mentalité. Avec le talent qu'il possède et l'esprit qu'on lui voit, il peut bien légiférer, mais non rimer des poèmes pour le chocolat Menier ou les savons du Congo.

———

Page 114 : *Humbert écumant, furieux, épileptique.*

Ce n'est point certes une savate ordinaire que M. Alphonse Humbert, ex-président du Conseil municipal, député majoritard et larbin chez Sabathier la Buse, ainsi qu'Ajalbert surnomma le grand Chef de l'*Eclair*. Ancien membre de la Commune, condamné à mort par les cannibales de Versailles, puis expédié vers Nouméa, le boulet aux pieds, il est de ces martyrs que Proudhon jugeait presque aussi odieux que les tyrans.

Les jours passés à La Nouvelle firent éclore son génie,
le rendirent au monde civilisé prêt à n'importe quelle
besogne pour conquérir l'assiette au beurre. Tel Mahomet
après l'Hégire. Les caractéristiques de M. Humbert
manquent de complexité ; nul n'est plus simple que lui,
plus naïf dans ses manifestations. L'ingénuité de ce sexa-
génaire tient le milieu entre la phanérogamie des grands
singes et le retroussis violent des diarrhétiques. Etats
d'âme peu variés, il est atteint par la folie des grandeurs,
il a toujours besoin de cinquante centimes.

Ces deux formes de cérébralité parvinrent à leur maxi-
mum de gloire pendant la visite de l'amiral Avellan, pre-
mier numéro du cabotinage franco-russe. En qualité de
prévôt des bourgeois, Humbert promena le Moscove dans
les carrosses officiels, à travers « la capitale » et le « tapa »
de quelques francs sous la custode. Humbert excelle dans le
geste d'emprunter un petit écu. Malgré l'appellation glo-
rieuse de père Pot-de-vin dont le blasonnèrent ses ronds-
de-cuir, la nécessité chronique de palper quelque billon
lui est un empêchement rédhibitoire à fomenter les plus
juteuses affaires.

Il n'est bas employé à l'hôtel de ville, concierge, ba-

layeur, dont il ne soutire la monnaie, sous couleur de
prendre un fiacre ou d'acquérir un melon. Encore qu'il
soit plutôt d'une malpropreté nauséabonde ; encore qu'il
ne porte point le maquillage de ma tante Loti, un même
goût théâtral induit le vieux communard et l'académicien
d'urinoir à thuribuler devant les puissances militaires.
Son voyage à Toulon, pour flagorner l'escadre russe, pour
intenter le lèchement de pieds qui fit baver les âmes tri-
colores, comptera dans les fastes de la pîtrerie nationale
et de la servilité française. Humbert qui, pareil à Bilbo-
quet, connaît toutes les banques, hormis la Banque de
France, ne manqua pas, sitôt débarqué dans Toulon,

> *Ville que l'infamie et la gloire ensemencent*
> *Où, du forçat pensif, le fer tond les cheveux,*

d'aller rendre visite au serrurier qui, avant son départ
pour le bagne, l'avait ferré, de ces bienheureuses chai-
nes qu'au retour il exhiba, pendant plus de dix ans, à
travers les réunions publiques. Ce fut beau comme le *De
Viris*, la *Morale en actions* et les *Vies* de Plutarque.

La chose pourrait fournir un sujet au concours de pein-
ture pour les candidats chez qui respirent encore les sai-

nes traditions. Cela ferait suite au combat des Horaces, à Brutus immolant ses fils, à Ximènes recevant la pourpre dans l'ergastule d'un couvent.

Entré à la Chambre, Humbert s'est abondamment placé du côté du manche. Ses votes furent toujours empreints de la domesticité la plus irréductible. A présent, il injurie, sept fois par semaine, les honnêtes personnes que dégoûtent encore le prêtre ou le soldat. Il aboie aux Juifs d'après la recette drumontale et tire sur les indépendants ses vieilles flèches canaques rapportées de Nouméa.

———

Page 114 : *Marie Anne de Keroubim.*

Keroubim := Bovet *alias* petit bœuf, comme chacun sait.

———

Page 121 : *Les pasteurs de la contrée venus en foule.*

Le soleil froid, dans un ciel bleu de lin, aux horizons de perle, flambe sans chaleur comme une inerte pierrerie.

Une buée couleur d'ardoise, où meurent, çà et là, des ro-
ses défaillantes, confond les avenues sous ses troubles
réseaux. Le sol, d'un jaune impénétrable — silex et terre
cuite — résonne sous les pas, ainsi qu'une dalle funèbre.
Tout en haut, les étoiles rèches de décembre fulgurent
peu à peu, tandis que, vers l'Orient, s'affirme une lune
blème, aiguë et pâle comme un couteau d'acier.

La rue a mis sa bêtise des jours carillonnés, les passants,
leur hideur du dimanche. C'est un vomissement des arrière-
boutiques, une mise au jour de tous les batraciens que
cachent, en semaine, les bureaux. Les voyous nationalis-
tes et antisémites font trève aux clameurs assassines
pour offrir aux chalands des jouets scatologiques ou du
poil à gratter. Urbanité française ! Les échoppes des ca-
melots encombrent la chaussée de mille inventions abjec-
tes, depuis les cartes pornographiques jusqu'aux Bons Dieux
en chromo. Et ce sont des toupies bombinantes, des fla-
geolets aux sons aïgus, des musiques térébrant le cerveau.

Les cathédrales font au boulevard une déloyale concur-
rence. Messieurs les archiprêtres organisent, dans leurs
édifices réciproques, de funestes beuglants, annoncent
Mme de Trédern pour les pince-chose et la messe de mi-

nuit. Car le monde civilisé se conjouit présentement.
Voici le jour natal, voici l'heure solennelle du « Rédemp-
teur » à qui nous devons la Saint-Barthélemy, l'Inquisi-
tion, les Dragonnades et le R. P. Dulac. Chacun célèbre
à sa manière le « gluant » de Bethléem : les ânes patriotes
et les bœufs cléricaux et le Joseph de la villa Dupont.
L'adoration des mages s'effectue comme par le passé.
Le roi nègre Cassagnac offre l'encens — *thus et myrrham*
— de sa copie ; Melchior Drumont, l'or chapardé aux juifs
de la rue Bab-Azoun, tandis qu'Arthur Meyer, descendu
de chameau, fait agréer l'oliban de ses hautes manières.
Les personnes enclines à la mysticité s'indigèrent de sa-
crements à l'heure où d'autres bedeaux tortorent de la
charcuterie à s'en faire crever. Le boudin, cette nuit, de-
vient eucharistique ; le pain des anges assume un petit
goût d'oignon ; les pochards, attendris par un mélange
de vinasse et de chrétienté, barytonnent des Noëls en
contre-point de leurs indigestions :

De notre foi que la lumière ardente
Nous mène tous au berceau de l'enfant.

Il n'est pas jusques aux vieilles dames dont quelque
espoir ne passemente les souliers avachis. Ma tante Viaud se
délecte pour un songe qui redresse en fuseaux ses rotules
cagneuses. Jean Lorrain imagine qu'il centralise enfin,
dans sa belle patrie, l'amour unisexuel et que, sous une
chape d'améthyste et d'or, il devient pape des *Urniens*.

Mais les triomphateurs de cette nuit charmante sont
Messieurs les épiciers, prestidigitateurs de la mélasse, il-
lusionnistes du saindoux. Les abricots au navet, les pra-
lines d'arachide et les marrons glacés au sucre diabétique
battent leur plein au sein du réveillon. *Noël à tous et
Merry Christmas !* Le gui pend aux solives des bistros :
mais la poix qu'on en sort agglutine les puddings. Ma
concierge offre aux enfants de l'emballeur un escarpin en
sucre avec Jésus dedans.

Sur les ottomanes des gargotes, la Vénus vulgivague
prépare au pharmacien des matinées heureuses. Car c'est
un fait de notoriété : le réveillon conduit ses officiants
chez l'apothicaire, demain, pour l'Hunyadi-Janos et, dans
huit jours, pour le proto-iodure. Les journaux à images
fourmillent d'histoires dévotes, accommodées en « Christ-

mascards ». C'est une crise aiguë de romances — genre éminemment national — et de laideur et d'imbécillité.

Qu'il fera bon, ce soir, dans la chambre fermée, au coin du feu qui s'alanguit. Quelle joie de tirer les verrous et d'éteindre la lampe avant l'heure où marguillers et poivrots, sur l'arène convomie, renouvelleront aux yeux froids de constellations, le tourment de Saint-Godepin qui fut, ainsi que chacun sait, « martyrisé de pommes cuites ».

21 décembre 1897.

TABLE

TABLE

TABLE   189

SPES · IN · LABORE

D'ARANTIERE

A LA MÊME LIBRAIRIE

Dijon. — Imprimerie Darantiere.

www.ingramcontent.com/pod-product-compliance
Lightning Source LLC
Chambersburg PA
CBHW070358090426
42733CB00009B/1459